아이들이 신에 대해 묻다

KINDER FRAGEN NACH GOTT
by Anselm Grün and Jan-Uwe Rogge

All rights reserved by the proprietor throughout the world
in the case of brief quotations embodied in critical articles or reviews.

Korean Translation Copyright © 2012 by RHODOS Publishing, Seoul.
Copyright © 2011 by Rowohlt Verlag GmbH, Reinbek bei Hamburg.

This Korean edition was published by arrangement with
Rowohlt Verlag GmbH, Hamburg through Bestun Korea Literary Agency Co, Seoul.

이 책의 한국어판 저작권은 베스툰 코리아 출판 에이전시를 통한 저작권자와의 독점 계약으로
로도스 출판사에 있습니다. 저작권법에 의해 한국 내에서 보호를 받는 저작물이므로
무단 전재와 무단 복제를 금합니다.

아이들이
영성으로 이끄는 교육

신에 대해
안젤름 그륀, 얀-우베 로게 지음 | 장혜경 옮김

묻  다

로도스

들어가는 글

아이들은 태어날 때부터
영적인 존재다

안젤름 그륀 반갑습니다, 로게 선생. 선생이 처음 교육과 영성에 관한 책을 같이 쓰자고 제안했을 때 제가 즉각 수락했던 걸 기억하시는지요? 사실 전 조금도 망설일 이유가 없었습니다. 선생이 멋진 유머로 청중의 마음을 사로잡는다는 소문을 진작부터 들어왔을 뿐 아니라 직접 선생을 뵌 순간 저와 비슷한 사람이라는 느낌이 들었거든요. 처음 만났을 때 우리는 교육에 관해 많은 이야기를 나눴습니다. 그리고 우리가 원하는 건 부모가 아이를 교육할 때 뭐든 완벽하게 해내야 한다는 압박감에서 벗어나도록 하는 데 있다는 점에 동의했죠. 그들로 하여금 양심의 가책을 느끼도록 만드는 게 아니라 말입니다.

아시다시피 우리가 교육에서 영성의 중요성을 강조하는 것은 결코 종교적인 신성함에 대해 말하려는 것이 아닙니다. 단지 영성을 통해 흔히 말하는 교육에 대한 짐을 덜어주려는 것이죠. 영성은 부모가 아이를 가르칠 때 단순히 지식을 전달하는 것이 아니라 지혜의 샘에서 물을 길어 올린다는 확고한 믿음을 선사합니다. 또한 영성은 부모가 자신의 영혼과 만날 수 있게 해줍니다. 따라서 우리는 부모가 자신의 영적 체험을 믿고, 그것을 아이에게 고스란히 전해줄 수 있도록 용기를 북돋아주려고 합니다. 이를 통해 부모는 태어날 때부터 영적인 존재인 아이의 갈망에 답할 수 있을 것이기 때문입니다. 아이는 자신이 세상에서 유일한 존재라는 사실을 느끼고 있다는 점만으로도 영적입니다. 로게 선생, 당신에게 영성이란 무엇입니까?

얀-우베 로게 제게 영성으로 충만한 삶이란 신의 품에서 편안함을 느끼는 삶입니다. 더 높은 정신, 그러니까 이성으로는 파악할 수 없는 것과 접촉하는 삶이죠. 교회라는 물리적 공간과도 상관없고, 세상과 담 쌓은 채 은둔하는 삶과도 관계없습니다. 달라이 라마가 말했듯이 사랑, 공감, 인내, 관용, 용서와 같은 정신적·영적 가치들은 종교와 상관없이 우리가 함께 살아가기 위해 포기할 수 없는 것들입니다.

   영성은 매우 현실적인 덕목입니다. 혼란스러운 인생길에서 우리를 이끌어주는 나침반과 같죠. 영성은 아무것도 강제하지 않습니다. 우리 모두는 각자 제 갈 길을 찾아야 합니다. 어떤 이는 이 방향으로, 어떤 이는 저 방향으로 갈 것이고, 또 어떤 이는 더 빠르게, 어떤 이는 더 느리게 갈 것입니다. 따라서 신부님이 말씀하신 대로 영성은 우리의 짐을 덜어줍니다. 기술만능주의와 물질주의에 경도된 교육관 너머에서 올바른 삶으로 가는 오솔길을 가르쳐주기 때문이죠.

영성 교사 메리 버마이스터는 이 진리를 간단명료한 공식으로 만든 바 있습니다. "단순하게 살아라!" 이 문장에서 어떤 부분을 강조하느냐에 따라 다른 두 가지 영적 태도가 나옵니다. '살아라'를 강조할 경우, 이 문장은 지금 여기에서의 삶에 충실해지라는 의미입니다. 남에게 보이고 싶은 대로가 아니라 지금 있는 그대로의 삶을 받아들이라는 의미인 거죠. 자녀를 바라볼 때도 마찬가지입니다. 두 발로 땅을 딛고 서서 자신과 주변 세상을 인식하고, 자연과 하나 되어 기뻐하고 즐거워하며, 삶이 제공하는 모든 감정을 몸으로 느끼며 소소한 일상에 감동하고, 아이가 성장하는 모습을 보며 그들의 인생길에 동행할 수 있음을 감사하라는 의미입니다.

'단순하게'를 강조하면 영성에 대한 또 다른 의미가 눈에 들어옵니다. 영성은 날로 더해 가는 세상사의 복잡함을 줄이는 데 기여하죠. '단순하게'란 그냥 내버려 두는 자유방임이 아니라 본질적인 것으로 눈을 돌린다는 의미입니다. 이를 부모에게 적용하면 여유를 가지라는 뜻입니다. 모든 것을 손아귀에 넣겠다는 완벽주의와 강박

관념을 떨쳐버리고, 엄마·아빠로서 자기 자신은 물론 아이에게 더 부드럽고 관대해지라는 것이죠. '단순하게'란 온전히 자기 자신에게 머물라는, 즉 자신의 힘과 능력을 믿으라는 말입니다. 우주와 자연이 자신에게 선사한 힘과 능력을 강하게 믿을수록 더 큰 영성을 느낄 수 있는 법입니다.

안젤름 그륀 저는 수도사라 아이들을 많이 접해보지는 못했습니다. 부모들의 고민을 상담해주면서 얻어들은 게 전부죠. 그래서 예전에 고해신부를 할 때는 아이들의 고해를 즐겨 들었습니다. 정말 신선했거든요. 아이들은 부모가 고마운 존재라는 점을 잘 알고 있습니다. 하지만 부모의 한계 역시 잘 파악하죠. 부모를 신처럼 숭배하기보다 현실적으로 보는 편이 아이에게도 더 유익합니다. 물론 어른들도 어린 시절에 자기 부모와 겪었던 경험담을 제게 들려줍니다. 부모가 어떤 상처를 주었는지, 어떤 점에 감사하는지, 그들의 오늘을 있게 한 훌륭한 뿌리는 어떤 것이었는지 이야기합니다.

　가족에게 많은 잘못을 저질렀다고 한탄하는 부모도 자주 만납니다. 죄책감에 시달리며 쓸데없이 자책하죠. 그럴 때마다 저는 그들에게 용기를 주며 말합니다. "당신은 아이에게 최선을 다했습니다. 물론 완벽하지 못했을 수도 있죠. 하지만 자책한다고 해서 아이에게 도움이 되는 건 아닙니다. 자책해서도, 그렇다고 자신을 용서해서도 안 됩니다. 자신을 믿고, 자신이 뿌린 씨앗이 아이의 마음에서

싹을 틔우게 해달라고 기도하십시오." 제게 와서 자식 걱정을 하는 부모도 많습니다. 아이와 사이가 멀어졌다고 걱정하기도 하고, 아이가 참된 가치와 진리에 대해 알려 하지 않는다고 한탄하기도 합니다. 그럴 때마다 저는 그저 그들의 말을 귀 기울여 들어줍니다. 선생은 아이나 부모와 어떤 경험을 하셨나요? 그들에게 어떤 메시지를 전달하고자 하십니까?

얀-우베 로게 제 책에 대한 한 서평을 보니 저의 교육관이 몇몇 중요한 측면에 집중되어 있다고 쓰여 있더군요. 즉, 주요한 4가지 개념을 교육의 핵심으로 삼았다는 겁니다. '첫째, 경계의 경험과 규정. 둘째, 인내. 셋째, 여유. 넷째, 위대한 감정의 경험.' 저는 이 주장에 동의합니다. 그 책을 관통하고 있는 4개 개념은 일상에서 행하는 교육의 여러 측면을 다양한 시각에서 조명해줍니다. 그러므로 이 자리에서 간략하게나마 설명해보도록 하겠습니다.

아이들의 삶에 동행하는 사람은 위대한 감정을 경험합니다. 행복과 환희, 실망과 절망, 인정과 확신, 슬픔과 분노 등 이루 말할 수 없는 감정을 경험하죠. 아이들의 삶에 동행하는 부모는 그들을 아낌없이 지원합니다. 그런데 이때 교육의 측면에서 더욱 중요한 것은 아이들이 경험하는 갖가지 감정을 지지하는 것입니다. 부모 스스로 자신의 감정을 인정하면 아이들에게도 좋은 영향을 미치는 법입니다. 부모도 한 생명체로서 때로는 일이 잘 풀려 만족감을 느끼고, 때로는 어려운 일에 직면해 압박감에 시달리며 갖가지 감정을 경험합니다. 따라서 부모가 자신의 감정을 인정하면 아이들에게도 자기감정을 인정하라고 가르칠 수 있습니다.

또한 교육에는 인내가 필요합니다. 인내란 지금 이 순간에 머문다는 뜻입니다. 아이들은 젖먹이 시절부터 학창 시절에 이르기까지 성장의 각 단계를 허겁지겁 쫓기듯 경험하고 싶어 하지 않습니다. 아이들에겐 태어날 때부터 갖고 있는 자신만의 속도가 있습니다. 인지·감성·사회적 발달은 무작정 앞으로만 나아가며 형성되는 것이 아닙니다. 진보, 정지, 후퇴의 혼합물이죠. 따라서 아이들이 성장해가는 속도를 인내하며 지켜보는 것이 필요합니다. 아이들이 원하는 것은 추격이 아니라 동행입니다. 하지만 아이들은 보통 그러한 욕구를 말로 표현하지 않습니다. 행동을 통해 보여주죠. 그러니 그들의 행동을 해석해야 합니다. 부모는 아이들을 통해 인내를 배울 수 있습니다. 아이들의 기본 원칙은 반복입니다. 아이들은 행동 모델을 자기 것으로 만들 때까지 같은 행동을 계속 반복합니다.

한편 인내는 여유와 깊이 관련돼 있습니다. 여유란 나태하고 무관심한 자유방임이 아닙니다. 있는 그대로 내버려 두고 허용하는 것입니다. 이런 태도는 아이를 교육하는 사람의 인성에도 영향을 미칩니다. 완벽주의를 내려놓고 스스로 불완전할 수 있는 용기를 내게 되는 거죠. 또 아이들이 세상에 나가 직접 경험하고 독립심을 키우도록 허락합니다. 아이들은 익숙한 곳을 떠나봐야 하며, 경계 너머의 땅을 탐구해봐야 합니다.

끝으로 아이들에겐 경계가 필요합니다. 그 말을 조금 더 확대하면 '아이들은 경계를 원한다'고 표현할 수 있습니다. 경계는 아이들이 독립적으로 발전할 수 있는 공간과 시간을 정해줍니다. 즉 그들이 얼마만큼 가도 좋은지, 경계를 넘어서면 어떤 경험을 하게 될지를 보여줍니다. 중요한 건 아이들이 경계 너머에 무엇이 있는지 보고 싶어 한다는 겁니다. 사실 경계에서 멈칫거리며 후퇴하면 배우는 게 없겠죠. 직접 부딪쳐보고 시험하며, 넘어졌다 일어서기를 끊임없이 반복해야 합니다.

아이들에게 경계가 필요하다는 건 다시 말해 '아이들에겐 경계를 정해줄 부모가 필요하다'는 것입니다. 아이들은 명확하고 믿을 수 있는 기준을 원합니다. 그 말은 부모가 교육의 책임을 의식하고 있어야 한다는 뜻이겠죠. 경계는 부모에게도 필요합니다. 원하는 모든 것을 다 손아귀에 넣을 수는 없다는 걸 알아야 합니다. 세상만사가 자신의 의도, 계획, 바람대로 되는 게 아니란 사실을 깨달아야 한다는 거죠. 물론 자신의 한계를 알게 되면 불안하고, 고통스럽고, 좌절감을 느낄 겁니다. 하지만 아이를 자기 마음대로 할 수 있다는 생각을 놓을 힘이 생길 수도 있습니다. 아프리카 속담에 이런 말이 있다지요. "풀을 잡아당긴다고 해서 더 빨리 자라는 건 아니다."

경계 정하기, 인내, 여유, 위대한 감정의 경험에는 모두 영적인 속성이 있습니다. 부모 자신과 자녀 그리고 주변 세상 사이의 결속감을 표현하고 있기 때문입니다. 제가 20여 년 전에 처음 아이들에겐 경계가 필요하다고 말했을 때만 해도 앞에서 말씀드린 4가지 개념에 담긴 영적 차원을 알지 못했습니다. 하지만 지금은 아니죠. 이렇듯 삶은 변합니다. 많은 것이 강물을 타고 흐릅니다. 하지만 강물을 즐기려면 강의 경계를 알아야 합니다.

안젤름 그륀 우리는 그동안 이 책에 꼭 집어넣고 싶은 내용에 대해 많은 이야기를 나눴습니다. 부모들에게 들려주고 싶은 말, 아이들에게 주고 싶은 믿음과 희망에 대해 의견을 교환했죠. 풍성한 대화였고, 많은 부분에서 의견이 일치했습니다. 그리고 각자 중요하게 생각하는 내용을 글로 적어 서로 메일을 주고받았습니다. 그런 다음 둘의 글을 하나로 묶었죠. 둘의 생각을 따로 구분할 수 없을 정도로 자연스럽게 하나로 녹아들었습니다. 두 작가가 서로 다른 지평에서 책 한 권을 완성한 셈입니다. 정말 아름다운 경험이었습니다. 열린 마음으로 서로를 존중하며, 자신의 생각을 고집하기보다는 상대의 생각을 받아들일 준비가 돼 있었기 때문에 가능한 일이었습니다. 두 사람의 생각을 하나로 녹여내다 보니 특정 개념과 상징이 여러 곳에 반복하여 등장하기도 합니다. 하지만 결코 같은 말을 중언부언하는 것은 아닙니다. 다양한 관점에서 영성을 조명하는 것뿐이지요.

* * *

독자 여러분, 기쁜 마음으로 이 책을 읽고 아무쪼록 아이를 키우는 일에서 행복을 느끼길 바랍니다. 그리고 무엇보다 교회에 다니지 않는다 하더라도 자신의 영성을 믿을 수 있게 되기를 바랍니다. 우리 각자의 영혼은 자기 자신은 물론이고 아이들에게 바람직한 것이 무언지를 잘 알고 있습니다. 우리는 여러분이 영혼의 지혜를 깨달아 그것을 아이들에게도 전달해줄 수 있기를 바랍니다. 아이들은 태어날 때부터 영적인 존재입니다. 그러니 그저 그 안에 숨어 있는 것을 일깨워주기만 하면 됩니다. 그렇게 된다면 교육은 아이들뿐 아니라 부모들에게도 축복이 될 것입니다. 거울을 보듯 아이들을 통해서 자신과 자신의 영성을 새롭게 발견할 수 있을 테니 말입니다.

안젤름 그륀, 얀-우베 로게

차례

들어가는 글 아이들은 태어날 때부터 영적인 존재다 5

1. 가족, 영성이 실현되는 공간
아이를 통해 깨달아야 할 여덟 가지 영적 메시지

가족은 가장 영적인 관계다 19 | 여덟 가지 영적 메시지 27

2. 믿음, 소망, 사랑이란 무엇인가
자녀 교육에서 영성이 갖는 의미

아이의 유일성에 마음을 여는 믿음 57 | 아이를 온전히 희망하는 소망 62
아이를 조건 없이 받아들이는 사랑 65

3. 삶과 죽음에 대한 물음
시작과 끝을 본능적으로 느끼는 아이들

아이들이 삶과 죽음의 문제를 묻는 까닭 71
내면의 힘을 성장시키는 이야기 79 | 길과 샛길을 넘나드는 아이들 84
소망과 나눔, 길을 찾는 아이들의 등대 95 | 아이들의 마법과 환상 100
강렬한 감정의 경험 102 | 수호천사와 눈에 보이지 않는 동행자 106
시작과 끝에 대한 관념 110 | 아이들은 지혜의 스승이다 123

4. 정서적 유대감과 신뢰감
영적 교육의 두 가지 기본 토대

건강한 감정 교류와 정서적 유대감 132 | 회복력이 큰 아이로 키우는 법 139
아이들은 백지로 태어나지 않는다 144 | 경계를 넘으며 성장하는 아이들 150
교육이란 공감하며 동행하는 것 153 | 영적 교육이 삶에 가져다주는 기회 157

5. 아이를 있는 그대로 인정하는 법
삶의 준비가 아닌 삶 그 자체로서의 교육

아이에게 믿음을 준다는 것 165 | 아이들은 동정보다 용기를 원한다 169
몸으로 세계를 경험하는 일의 중요성 173 | 아이를 있는 그대로 인정하기 175
지금 이 순간을 사는 여유 182 | 의식의 가치에 대하여 185
감정을 어루만지는 의식 191

6. 사춘기, 붙잡기와 뿌리치기의 이중주
아이들의 독립을 준비하는 교육

반항, 아이의 독립 선언 198 | 아이는 부모와 대결하며 성장한다 203
예수의 유년기와 사춘기 209 | 사춘기, 새로운 시작을 위한 기회 216

나오는 글 가족의 일상에서 영성이 들어갈 자리 222

1
가족, 영성이 실현되는 공간

아이를 통해 깨달아야 할 여덟 가지 영적 메시지

우리는 어디엔가 도착하기 위해 발걸음을 떼는 것이 아니다.
움직이기 위해 발을 옮겨놓는 것이다. 목적을 위해 길을 희생하는 건
삶을 희생하는 것과 같다. 교육도 이와 같다. 배우고 알아가는 것은
길이지 목표가 아니다.

가족은
가장 영적인 관계다

두 아이의 엄마 안겔라 슈나이더는 어떻게 해야 할지 모를 때가 많다. "잘하고 싶은데 뜻대로 안 될 때가 많아요. 하루하루 밑 빠진 독에 물 붓는 기분이 들어요." 그녀는 아이들에 관한 한 모든 걸 잘해내고 싶었다. 그런데 아무리 애를 써도 점점 불만만 쌓여갔다. "그런 제 마음이 아이들에게 영향을 미치지 않았을 리 없죠. 제가 신경질을 부리고 불만을 표출할수록 아이들도 저와 똑같이 변해갔습니다. 정말 매일 스트레스에 시달렸어요." 이런 상황은 최근까지도 계속됐다. 도무지 돌파구를 찾을 수 없었다. 그러던 어느 날, 그녀는 중요한 사실을 깨달았다. 아이들의 불안은 곧 엄마인 자기 자신의 불안을 의미한다는 걸 말이다. 그리고 마침내 뭐든 잘해내는 엄마가 되고 싶다는 마음을 내려놓기로 결심했다.

안겔라가 이런 결심을 하게 된 것은 우연히 읽은 글귀 덕분이었다. "엄마가 행복해야 아이들도 행복하다." 처음엔 황당했다. 너무나 이기적이고 자기중심적인 발상이라고 느꼈기 때문이다. 하지만 그녀는 곰곰이 생각했다. "갑자기 이런 생각이 들었어요. 내가 그동안 희생하고 있었구나. 오로지 아이들 생각만 하고 있었구나. 내 욕망을 무시해왔구나!"

그날 이후 그녀에게는 두 가지 변화가 생겼다. 첫째, 요가를 하기 시작했다. "일주일에 한 시간, 나만을 위해 투자했습니다. 정말 좋았어요." 둘째, 계속 아이들 주변을 맴돌며 그들의 요구를 들어주기 위해 절절 매던 일을 그만두었다. 그때까지 그녀는 아이들을 버릇없이 키우며 자기 자신은 잊은 채 살아왔다. "아이들에게 집안일을 시키기 시작했어요." 처음에는 투덜대던 아이들도 점점 재미를 느꼈다. "믿고 맡긴 일을 해내면서 아이들이 많이 성장했습니다." 최근에 그녀는 영성에 관한 책을 한 권 읽었다. 그리고 완벽주의를 내려놓는 것이 얼마나 중요한지 알게 되었다. 오로지 아이들에게만 헌신하지 말고 스스로를 더 많이 돌아보며, 아이들을 독립적으로 키우는 것이 얼마나 중요한지 깨달았다.

세 아이의 아버지인 미하엘 마이어는 다른 영적 체험을 했다. 그는 직업상 스트레스가 심하다. 게다가 일이 너무 많아서 아이들과 놀아줄 시간이 없다. "양심의 가책이 들더라고요. 아이들을 위한 시간을 거의 내지 못했거든요. 그래서 일주일에 한 번은 일찍 퇴근해 아이들에게 전념하기로 했습니다. 그런데 녀석들이 정신없이 날뛰는 겁니다. 참다 참다 결국은 소리를 지르고 말았죠. 이런 식으로 하면 다음 주엔 놀아주지 않겠다고 말입니다. 그러자 큰아이가 그러는 거예요. 자기도 아빠가 없는 게 더 좋다고 말이에요. 제가 늘 신경질만 낸다는 겁니다." 망치로 머리를 한 대 얻어맞은 기분이었다. 할 말이 없었다. 며칠 후 그는 아이들을 모아놓고 다시 한 번 대화를 시도했다. 작은아이가 그의 마음을 열어주었다. "아빠, 아빠는 집에 있을 때도 일 생각만 해요. 우리를 아예 쳐다보지 않을 때가 많고, 간혹 볼 때도 늘 찌푸린 얼굴이에요. 아빠는 집에 있어도 사장님이에요." 그가 작은아이에게 어떻게 하면 바뀔 수 있겠냐고 묻자 아이가 대답했다. "아빠, 웃어요. 그냥 바보처럼 웃으면 돼요." 그래서 아버지와 아들들은 꾀를 냈다. 모일 때마다 각자 재미난 이야기를 하기로 한 것이다. 그랬더니 과연 분위기가 좋아졌다. "아이들과 같이 웃다 보면 기분이 좋아지고 편안해집니다." 그런 분위기는 가족의 일상에도 긍정적인 영향을 미쳤다. 이젠 그가 일 때문에 생각에 빠져 있으면 아이들 중 하나가 와서 이렇게 말한다. "아빠, 웃어요. 여긴 집이에요."

랄프 슈라더는 예전까지 '영성'은 자기와 아무 상관이 없다고 생각했다. 그런데 어느 날 읽은 글귀가 마음을 움직였다. 내면으로 향하는 비밀스러운 길이 있으며, 우리 안에는 많은 힘과 에너지가 숨어 있다는 내용이었다. "왠지 모르지만 그 문장이 계속 뇌리에 남았습니다." 그리고 며칠 후 그는 두 딸이 노는 모습을 지켜보고 있었다. 각각 네 살과 아홉 살인 두 녀석은 인형 놀이를 하고 있었다. 역할극을 하기도 했고, 상상력을 발휘해 온갖 이야기를 만들어내기도 했다. "그때 아이들에게서도 배울 것이 있다는 생각이 들었습니다. 새로운 것을 겁내지 않는다는 걸 느꼈어요." 아이들은 많은 것을 가르치는 스승이다. 부모가 일방적으로 주기만 하는 것이 아니라 그들에게서 많은 걸 받을 수 있다. 곧 교육은 일방통행으로 이루어지는 것이 아니며, 즉흥성과 창의성이 넘치는 상호 교감의 장이다. 그런 의미에서 교육은 분명 영적인 성질을 갖고 있다. 외부에서 주어지는 것이 아니라 우리 안에 깃들어 있다는 뜻이다. 그 사실을 깨달으면 혼자가 아니라는 푸근한 느낌이 든다.

두 아들을 둔 리타 슈뢰더는 첫아이를 낳았을 때까지만 해도 스스로 최고의 엄마라고 자신했다. "첫아들은 제가 상상했던 아이의 모습 그대로였어요. 항상 밝고 명랑하며 말 잘 듣는 아이였죠." 그녀는 그런 아이가 자신의 아들이라는 생각에 늘 자부심이 넘쳤다. 하지만 3년 후 둘째가 태어나면서부터 상황이 달라졌다. 그녀는 둘째아이도 첫째와 같은 방식으로 교육시키고 싶었다. 하지만 뜻대로 되지 않았다. 첫째와 전혀 다른 반응을 보인 것이다. 엄마가 뭐라고 하건 말건 자기 할 일만 했고 엄청 내성적이었다. "다가가려고 하면 아이가 절 거부하는 것 같았어요." 그녀는 불안해졌다. 그리고 아이가 자신을 거부한다고 느낄 때마다 마음의 상처를 받았다. 심리 치료를 받으며 그녀는 마침내 둘째를 첫아이와 비교할 게 아니라 '있는 그대로' 받아들여야 한다는 걸 깨달았다. 아이는 그녀에게 무언가를 보여주고 싶어 하는 거울과 같은 존재라는 사실을 알게 된 것이다. "작은아이가 제게 거울을 내미는데, 그 안에 제가 감당할 수 없는 뭔가가 있었습니다. 제가 싫어하는 제 성격의 일부가 보였던 거예요." 그 비유가 틀리지 않았다. 그녀는 만인에게 잘하고 싶어 한다. 그래서 기분이 좋지 않을 때도, 심지어 울고 싶을 때도 다른 사람 앞에서는 웃는다. 아무리 몸이 힘들어도 누군가 부르면 바로 달려간다. "그 사실을 깨닫고 나니 작은아이를 다른 눈으로 볼 수 있게 됐어요. 다른 방식으로 그 아이의 삶에 동행할 수 있게 됐습니다. 제 욕망에 충실해야 한다는 것, 그리고 저를 있는 그대로 받아들여야 한다는 걸 아이가 가르쳐준 셈이죠. 그때부터 우리의 관계도 변했습니다. 큰아이를 키울 때만큼 수월하지는 않았지만 더 분명하고 깊은 믿음이 생겼어요." 아이들은 끈기 있는 지혜의 스승이다. 말로 하는 대신 행동으로 보여주기에 어른들이 금세 알아차리지 못하지만, 정말 많은 것을 가르쳐주는 스승이다.

유치원에 다니는 두 딸의 엄마 발트라우트 베렌스는 늘 혼란스럽다. "도저히 어찌해야 할지 갈피를 못 잡겠어요." 자신이 원하는 게 뭔지는 알지만, 그게 정말 옳은지 확신할 수가 없었다. "교육서가 정말 많아요. 이 책을 보면 이렇게 하라고 하고, 저 책을 보면 전혀 상반된 주장을 합니다. 주변에서도 전부 자기 나름대로 이런저런 충고들을 해대고요." 그녀는 고개를 절레절레 흔든다. "더구나 신문이나

라디오나 TV에는 온통 끔찍한 뉴스만 나와요. 사방에 위험이 도사리고 있는 것처럼 보이죠. 이런 세상에서 아이들에게 버팀목이 돼줘야 하고, 확신을 갖고 앞을 내다봐야 하는데 그저 불안할 뿐입니다."

말만 들어도 힘겨워 보였다. 그래서 그녀에게 이 험한 세상에 어떻게 대처하느냐고 물었다. 그녀는 '마음의 소리'에 귀를 기울인다고 대답했다. "한계에 도달했다는 느낌이 들면 거실 구석에 가서 아무에게도 방해하지 말라는 신호를 보냅니다. 그리고 제 자신에게로 가기 위해 마음의 소리에 귀를 기울입니다." 자기 자신과 하나가 되는 데는 몇 분이면 충분하다. 몇 분만 지나면 여러 조각으로 쪼개졌던 부분들이 합쳐지면서 온전히 하나가 된다. 그녀는 내면과 하나가 되면서 만족스러운 기분이 들면 힘이 불끈 솟아오른다고 했다. 그러면 자신은 물론이고 다른 사람들도 다른 눈으로 보게 된다는 것이다. 모든 것이 어둡고 침울했던 터널을 지나 환한 빛이 쏟아지는 곳으로 나오는 기분이다.

또한 그녀는 앞으로 무슨 일이 일어날지 걱정하는 버릇을 떨쳐버렸다. 아직 오지 않은 미래를 걱정해봤자 비관적인 생각만 들 뿐이다. 물론 하루살이 인생을 살자는 것은 아니다. 지금 이 순간을 즐기자는 것이다. 아이들과 함께하는 순간, 남편과 보내는 순간을 즐기자는 것이다. "생각을 바꾸니 힘이 불끈 솟더군요. 결국 삶에 만족을 가져다주는 건 소소한 일상이더라고요. 화단을 바라볼 때, 웃고 있는 아이들을 볼 때, 퇴근한 남편을 맞이하며 포옹할 때 저는 만족을 느낍니다." 그녀는 심호흡을 하고 덧붙였다. "물론 그렇다고 세상이 달라지는 건 아닙니다. 미래는 여전히 불투명하죠. 하지만 그렇게 살다 보면 적어도 제 일상에서는 나름의 질서를 잡을 수 있고, 그러면 제 자신은 물론이고 사랑하는 사람들과 하나 된 느낌이 들면서 힘이 샘솟습니다."

카롤리네 베버는 네 살에서 아홉 살까지 손자 넷을 두고 있다. 그녀는 아이들을 보고 있노라면 조금 걱정된다고 했다. 아들 내외가 자신이 했던 것과는 다른 방식으로 아이들을 키우려 하기 때문이다. 마치 "엄마, 아빠처럼 살지는 않을 거야!"라고 외치듯 말이다. 물론 아들이나 며느리에게도 나름대로 원칙이 있을 것이다. 하지만 무조건 부모 세대와는 다른 방향으로 달려가겠다는 게 옳은 길이라는 생각이 들지 않는다. 세대 간에 배울 것이 있지 않겠는가. "물론 우리가 키웠던 대로 따라 할 필요는 없겠죠." 정말 그렇게 한다면 결코 현명한 처사는 아닐 것이다. 세상은 변했고 환경도 달라졌다. 옛날처럼 아이를 키우는 게 쉬운 일도 아니다. 하지만 그녀는 걱정스러운 점이 딱 하나 있다고 했다. 아들 내외가 아이들에게 너무 '잘하려고' 한다는 것이다. "아이들 입에서 말이 떨어지기가 무섭게 곧바로 부모가 달려갑니다. 완벽한 부모가 되고 싶어 하다 보니 한시도 쉴 틈이 없어요. 부모가 그렇게 한다고 아이들이 느긋하게 살 수 있는 것도 아닙니다. 그저 모두들 허둥거리며 바쁘고 정신없게 살아가죠."

그녀는 잘 쉬어야 살아갈 힘도 나는 법이라고 생각한다. 그래서 손자들이 오면 마음껏 놀게 한다. "할아버지는 아이들을 데리고 숲에 가거나 공작을 하고, 저는 옛날이야기를 들려주죠. 아이들이 어찌나 좋아하는지 제 입만 쳐다보고 있다니까요. 또 저는 요리를 좋아합니다. 아주 잘해요. 건강에 좋은지 어떤지는 몰라도 맛있게 할 줄은 알거든요." 그녀는 밥 먹을 땐 절대 잔소리를 하지 않는다. 그래야 밥을 맛있게 먹을 수 있기 때문이다. 최근에는 그녀가 손자들과 노는 모습을 지켜보던 아들이 어찌나 다정한지 샘이 난다고 말한 적도 있었다. 그러면서 은근히 섭섭했던 마음을 털어놓았다. "옛날엔 저도 어머니, 아버지가 저한테 이렇게 해주시기를 바랐어요. 하지만 아버지는 바빠서 늘 시간이 없었어요. 어머니도 마찬가지였고요." 그녀는 잠시 숨을 고르고 말했다. "맞아요. 아들 말이 맞아요. 이젠 제가 늙은 거죠."

지금까지 살펴본 사례들은 영성을 전혀 다른 방식으로 조망할 수 있으며, 영적인 생각이 다양한 과정을 거쳐 생겨날 수 있음을 보여준다. 한편으로는 산업사회의 발전이 영적 생각을 촉발하는 한 원인이 될 수 있다. 세상은 날로 복잡하고 불안해져 간다. 사회적 병폐가 만연한 세상에서 방향을 잃은 채 미래에 대한 두려움에 떨며 살다 보니 내면을 들여다봐야 할 필요성이 더욱 절실해진다. 다른 한편으로는 삶의 의미를 찾고, 안식처를 찾으며, 의지할 곳과 결속감을 느낄 만한 곳을 찾는 개인의 발전사가 그 원인이 될 수 있다. 물질주의와 소비주의에 경도된 세상에서 외적 풍요가 아닌 내적 만족을 찾는 사람이 늘어날 수밖에 없다는 것이다. 앞으로 내면을 향한 시선은 더욱 중요해질 것이며, 이를 통해 자신은 물론이고 타인을 위한 힘과 에너지를 발견할 수 있게 될 것이다.

더욱 중요한 것은 위기가 곧 기회를 가져다줄 수 있다는 것이다. 앞선 일상의 사례들에서도 분명히 볼 수 있듯이, 도저히 극복할 수 없을 것만 같은 어려움에 봉착했을 때 우리는 불현듯 새로운 삶의 오솔길을 발견한다. 교육학자 카타리나 마르틴과 헬무트 베첼은 이렇게 말했다. "우리는 어디엔가 도착하기 위해 발걸음을 떼는 것이 아니다. 움직이기 위해 발을 옮겨놓는 것이다. 목적을 위해 길을 희생하는 건 삶을 희생하는 것과 같다. 교육도 이와 같다. 배우고 알아가는 것은 길이지 목표가 아니다." 같은 맥락에서 앞선 사례들에는 자녀 교육과 가족 관계에서 중요한 여덟 가지 영적 메시지가 들어 있다. 이제부터 그 메시지들을 하나하나 살펴보자.

여덟 가지 영적 메시지

삶의 나침반이 되는 세대 간의 유대감

영성은 세대 간에 다리를 놓아준다. 요즘 할머니, 할아버지 들은 젊

은이들이 컴퓨터나 스마트폰 같은 것에만 빠져 현실에는 도통 관심이 없다고 걱정한다. 거꾸로 젊은이들은 옛 세대가 하이테크 기술에는 문외한이라 공동의 대화거리가 없다고 말한다. 하지만 각 세대가 살아간 시대는 나름의 장점과 특성을 지니고 있기에 서로 많은 것을 나누고 배울 수 있다. 세상만사는 강물처럼 흐른다. 카타리나 마르틴과 헬무트 베첼이 말했듯이 아이들은 '앞선 세대의 후손이자 앞으로 올 세대의 조상'인 것이다.

조부모는 손자와의 관계에서 제2의 부모 역할을 하는 경우가 많다. 그들은 아이들에 대한 직접적인 책임을 지지 않기에 대개 더 많은 인내심을 발휘한다. 그 때문에 종종 조부모는 손자를 버릇없게 만드는 경우도 있다. 조부모들 가운데 상당수가 손자들이 바라는 것을 들어주기 위해 최선을 다한다. 그들의 귀에는 손자들의 희망사항이 기분 좋은 명령처럼 들리기 때문이다. 프랑스 철학자 장 폴 사르트르는 이런 말을 한 적이 있다. "나는 배만 고파도 할머니를 황홀경에 빠뜨릴 수 있었다."

따라서 조부모와 손자의 관계가 서로에게 득이 되게 하려면, 모든 가족 구성원이 몇 가지 당연한 사실을 잊지 말아야 한다.

첫째, 조부모는 모순된 위치에 있을 때가 많다. 한편으로는 아이의 부모가 도움을 요청하면 언제든 달려와야 하는 보모 취급을 받는다. 다른 한편으로는 부모의 아이 양육 방식을 똑같이 지켜주기를 요구받으며 통제당한다. 하지만 이것은 과도한 요구다. 나름의 교육 방식을 갖고 있는 조부모는 손자들과 독자적인 관계를 쌓기 때문이다. 그러므로 그들에게 변화를 바라는 것은 무의미한 일이다. 그들은 자신이 경험한 교육 방식이 절대적으로 타당하다고 생각한다. 설사 변화에 마음을 여는 조부모가 있다 하더라도 속도가 문제가 된다. 변화의 속도는 자신들이 정하고 싶은 것이다.

둘째, 자식을 조부모에게 맡기려면 동시에 책임도 주어야 한다. 조부모는 훨씬 느긋하고 현명하며, 아이들에게 제약을 덜 가한다. 인생 경험을 통해 그렇게 하는 것이 맞는다는 사실을 터득했기 때문이다.

조부모는 아이들로 하여금 자기 부모가 불완전하다는 사실을 깨닫게 만들어준다. 이를 통해 아이들은 부모에게 전적으로 종속되어 있다는 느낌을 상쇄할 수 있다. 즉 조부모가 아이 양육과 교육을 위해 제공하는 아낌없는 지원에는 부모의 전권을 제약할 기회가 숨어 있다는 것이다. 또한 조부모는 부모가 아이들 눈에 더 인간적인 모습으로 비치도록 도와준다. 대개 아이들은 다방면에서 부모에게 종속된다. 부모는 교육, 건강, 행복 등 아이에 관한 거의 모든 것을 책임지고 있기에 그만큼 권력자의 위치에 서게 되는데, 바로 이런 부모의 권좌를 상대화할 수 있는 사람들이 조부모다. 조부모가 부모의 어린 시절 이야기를 들려주면, 아이들은 그동안 몰랐던 부모의 세세한 모습들을 알게 된다. 엄마, 아빠도 한때는 '꼬마'였다는 사실을 깨닫게 되는 것이다. 그러면 비로소 부모를 권력자의 높은 연단에서 끌어내려 자신과 같은 눈높이에서 바라볼 수 있게 된다.

또한 조부모는 손자들이 어디에서 왔는지를 알려준다. 인간이 발전해 나가는 데 꼭 필요한 뿌리를 보여주는 것이다. 그런 의미에서 조부모는 부모 자식 관계를 대신한다기보다는 보완해주는 중요한 존재다. 손자들에게도 유익한 점이 많다. 부모와 조부모를 통해 인생의 다른 단계와 역할을 체험할 수 있기 때문이다. 부모는 물질적인 후원을 하고, 안전을 보장하며, 일상의 문제를 해결해준다. 조부모는 전통과 역사를 몸으로 구현하고, 인생이란 단절과 연속이 공존하며 끊임없는 부침이 계속되는 장임을 보여준다. 인생의 지도에는 산봉우리도 평지도 있다는 것을 몸소 보여주는 모델인 셈이다.

조부모가 된다는 건 삶에 새로운 의미를 부여하는 행복하고 충만한 단계다. 조부모와 손자의 만남에서는 세대 특유의 경험이 오간다. 서로에게서 많은 것을 배울 수 있는 동반자 관계가 탄생하는 것이다. 한쪽에서는 과거를 들려줌으로써 현재를 풍요롭게 하고, 다른 한쪽에서는 미래를 열어줌으로써 새로운 곳으로 향하게 한다.

하지만 조부모는 '적정한 거리를 둔 친밀감'을 원한다. 과거에 부모로서 자녀를 교육한 경험이 있는 그들은 이제 조부모로서 손자들의 교육에 개입할 자유가 있다. 다시 말해 그들은 손자 교육에 참여할 수 있지만, 반드시 그럴 필요는 없다. 따라서 참여의 정도를 스스로 결정한다. 이런 자유와 자발성의 결합이 조부모 특유의 느긋함을 낳는다. 그 느긋함 때문에 손자들은 할머니와 할아버지를 좋아한다. 반면 일상에 지친 아이의 부모는 자신들의 부모가 보여주는 그런 느긋함을 부러워하면서도 한편으론 분개한다.

모든 아이가 똑같지 않듯 할아버지, 할머니도 마찬가지다. 손자 셋을 둔 만프레트 슈나이더는 이렇게 말한다. "할아버지가 된다는 건 쉬운 일이 아니에요. '할아버지' 하면 늙었다는 뜻이잖아요. 날 봐요. 올해 쉰아홉밖에 안 됐는데도 늙었잖아요. 우리 때만 해도 고생이 많았지요. 그런데 요즘 아이들을 보면 완전히 달라요. 말만 하면 안 되는 일이 없고, 게다가 앞길이 창창하잖아요. 가끔 그런 생각을 하면 화가 난다니까요."

그의 말에는 이전 세대가 후세대와 좋은 관계를 맺기 위해 꼭 필요한 핵심이 담겨 있다. 조부모는 자신의 인생을 되새겨봐야 한다. 성공과 행복은 물론이고 좌절과 실패를 되돌아봐야 하며 나아가 더 이상은 불가능한 일까지 곰곰이 따져봐야 한다. 자신의 과거를 온전히 받아들인 사람들, 즉 성공한 인생은 물론이고 실패한 인생까지 인정한 사람들만이 남은 삶을 행복하고 여유롭게 살아갈 수 있는 법이다. 자신의 인생에 대한 결산이 끝나야 손자들과의 관계도 행복하게 꾸려나갈 수 있다. 후세대와의 관계에서 생기는 위기와 갈등을 비롯해 과도한 요구와 엇갈리는 의견도 버틸 수 있는 튼튼한 토대가 마련되는 것이다.

인생을 결산해보니 행복한 순간보다 불행한 순간이 더 많았다고 느끼는 조부모는 손자들과의 관계에서도 문제를 일으킬 수 있다.

매사에 여유가 없고 무뚝뚝하다. 그런 조부모는 훌륭한 스승이 될 수 없다. 자신의 지나간 삶을 인정하지 않으니 손자들과 함께하는 지금 이 순간이 온전히 존재할 리 없다. 이 경우 때로는 손자를 자신이 이루지 못한 꿈을 대신 이뤄줄 존재로 생각한다. 하지만 자신이 못 다 이룬 것을 후세대에게 전가하면, 관계는 온전해지지 못하고 결국 갈등이 일어날 것이다.

자신을 완전한 인격체로 인정해야 손자들도 하나의 인격체로 인정할 수 있다. 그제야 비로소 조부모는 삶에서 직면하는 어려움을 어떻게 극복해야 하는지, 위기를 기회로 삼는 방법은 무엇인지 몸소 보여주는 모델이 될 수 있다.

조부모는 중요한 삶의 원칙을 몸으로 보여준다. 현실이란 끝없는 굴곡과 도전의 연속이라는 사실을 말이다. 그렇기에 손자들은 힘든 고난을 이겨내고 살아온 조부모에게 경의를 표하게 된다. 위기가 닥쳐도 도망치지 말고 도전으로 받아들이라고 가르치는 조부모 덕분에 과거는 현재와 미래 속에 소중히 간직되는 것이다.

몸과 마음에 활력을 주는 유머

심리학자 요제프 라트너는 말했다. "유머가 없는 부모는 훌륭한 교육자가 될 수 없다. 유머가 없는 사람은 온전한 자기 인식과 밝은 영혼을 지닐 수 없고, 용감한 인생관과 세계관을 갖추기 힘들며, 주변 사람들과의 연대감이 부족해지기 때문이다."

유머와 웃음은 사람들 간에 유대감을 가져다준다. 또한 실패에 대한 두려움을 줄여주고, 고통과 통증을 덜어준다. 프로이트는 이렇게 말했다. "유머에는 해방의 몸짓이 담겨 있을 뿐 아니라 위대하고 숭고한 무언가가 들어 있다." 유머에는 웃음과 명랑함은 물론이고 위로와 공감이 포함되어 있기 때문이다. 우리는 일상에서 단지 우스꽝스러워서 웃는 것이 아니다. 이와 마찬가지로 유머는 단순히 무언가를 빈정대거나 비꼬는 것과는 관련이 없다.

유머는 공포를 비롯해 분노, 근심, 불안, 비난에서 오는 생리적·심리적 스트레스를 줄여준다. 유머는 건강하다. 유머는 신체, 정신, 영혼을 이완시킨다. 웃음은 현재를 뒤흔들어 새로운 것이 들어설 자리를 만들고, 창의성을 허용하며, 예상치 못한 힘을 일깨운다. 그러므로 인간에 대한 친화성이나 공감을 동반한 유머는 자녀 교육에도 매우 유익한 결과를 낳을 수 있다.

첫째, 웃음은 공동체 의식을 가져다준다. 다시 말해 주변 사람들도 자신과 똑같으며, 자기 혼자만 삶의 무거운 짐을 지고 있는 게 아니라는 점을 깨닫게 해준다.

둘째, 유머는 자기 연민을 줄여주며, 더 나아가서는 그것을 완전히 없애준다.

셋째, 웃는 행위를 통해 자신의 실수와 약점을 용인할 수 있다. 웃음으로써 자신이 불완전한 사람이란 것을 고백할 수 있는 것이다.

웃음은 최고의 명약이다. 게다가 아무런 부작용 없이 일상의 교육에서 놀라울 만큼 도움이 되는 영약이다.

붙잡기와 놓아주기의 균형을 가르쳐주는 수영

탈무드에는 부모가 아이를 양육할 때 실천해야 할 다섯 가지 규칙이 있다. 그중 다섯 번째 규칙이 아이들에게 수영을 가르치라는 것이다. 그보다 더 중요한 교육 주제가 얼마든지 있는데 갑자기 왜 수영을 가르치라는 건지 의문이 들지도 모르겠다. 하지만 조금만 더 자세히 살펴보면 이 놀이에 놀라운 균형과 긴장이 담겨 있다는 사실을 깨닫게 될 것이다. 부모가 팔을 쭉 뻗어 그 위에 아기를 올려놓은 후 팔을 물의 표면에 갖다 댄다. 아기는 절대적인 안정감을 느낀다. 아무 일도 일어나지 않으리라는 확신을 느낄 수 있다. 그 단계가 지나면 부모는 팔을 조금 더 아래로 내려 아기가 물속에서 움직일 수 있게 해준다. 그러다 아기에게 힘이 떨어지면 팔을 다시 물위로 올린다. 그러면 아기는 편안하게 힘을 빼고 부모의 팔에 안길 수 있다.

이 경험은 아이에게 매우 중요하다. 삶에서도 아이는 언젠가 헤엄을 칠 수 있게 될 것이기 때문이다. 그때 아이는 조심스럽게 부모의 팔에서 멀어진다. 하지만 아이가 힘이 빠졌을 때 안전한 항구로 돌아올 수 있도록 부모는 계속 팔을 내밀고 있어야 한다.

이제 아이가 조금 더 자라면 자신의 힘을 믿을 수 있게 된다. 부모의 팔에서 점점 더 멀어지고, 심지어 부모의 동행을 부담스러워할 수도 있다. 이쯤 되면 부모는 팔을 거둬들여도 좋다. 이때 부모의 마음은 텅 비면서도 꽉 채워진다. 하지만 오직 텅 빈 느낌만 든다면 아이가 여전히 부모의 도움 없이는 살 수 없는 젖먹이라는 생각에 매달리는 것이다. 특히 요즘에는 그런 성향을 지닌 부모들이 많다. 반면 마음이 텅 비면서도 꽉 채워졌다고 느끼면 아이가 독립해감에 따라 아빠, 엄마에서 서로의 동반자이자 온전한 남녀로 돌아갈 수 있는 기회로 삼을 수 있다.

부모는 아이와 함께 여행을 떠난다. 성장할 때까지 지원을 아끼지 않는다. 하지만 적절한 순간 놓아줄 수 있어야 한다. 이것이 동행과 관계의 기본 원칙이다. 아이는 길을 묻는 손님이다. 한동안 옆에 서 있지만, 곧 제 갈 길을 찾아 집을 나선다. 어쩌다 집에 들러 그동안 겪은 모험담을 들려줄 수도 있다. 하지만 부모가 잘 지내고 있다고 생각되면 다시 길을 나설 것이고, 그러다 어느 날 슬쩍 다시 들러 새로운 모험 이야기를 늘어놓을 것이다.

수영을 가르치는 것도 아이를 양육하는 것도 결국 '붙잡기와 놓아주기'의 균형에서 비롯된다. 철학자이자 시인인 칼릴 지브란은 이를 이렇게 표현했다.

"당신(부모)은 활이며, 당신의 자녀는 그 활이 쏜 살아 있는 화살이다. 사수는 무한의 오솔길에서 과녁을 바라보며 화살이 더 빨리, 더 멀리 날아가도록 있는 힘껏 당신을 잡아당긴다. 사수의 손이 잡아당김을 기뻐하라. 사수는 날아가는 화살을 사랑하듯 멈춰 서 있는 활도 사랑한다."

감사함과 겸손함에서 배우는 행복

아이와 같은 배를 타고 고단한 성장의 여정을 함께 이겨낼 수 있다면 그보다 더한 행복은 없을 것이다. 교육학자 하임 기노트의 말대로 "행복은 목표가 아니라 여행의 한 방식이다. 행복 자체가 목적은 아니다. 행복은 노동과 놀이, 사랑과 삶의 부산물이다. 삶은 소망을 충족하고, 계획을 실현하는 여정에서 불가피하게도 수많은 기다림을 요구한다. 달리 표현하면 삶은 좌절을 가져다주며 그것을 참고 견디라고 요구한다."

그 때문에 감사하는 마음은 여행의 중요한 동반자다. 아이를 지켜볼 수 있어서 감사하고, 아이가 곁에 있어서 감사하며, 아이가 조건 없는 사랑을 느끼도록 보살필 수 있어서 감사하다. 특히 상황이 자기 뜻대로 풀리지 않을 때야말로 감사하는 마음이 필요한 순간이다. 만사가 계획대로 술술 풀릴 때는 아이를 인정하기가 너무 쉽다. 하지만 아이가 진정으로 부모의 동행을 원할 때는 삶에서 추락하는 순간, 실패하고 좌절하는 순간이다. 이때 아이를 비난하지 않아야 함은 물론이고 부모 스스로도 자책하지 말아야 한다.

타고르는 겸손함이야말로 위대함에 이르게 하는 힘이라고 말한 바 있다. 아이가 있는 부모는 겸손해야 한다. 겸손한 사람은 굴종적인 사람이 아니다. 겸손은 자신의 능력과 장점은 물론이고 실수와 약점까지도 인정할 수 있는 용기이다. 겸손의 반대말은 자만이다. 자만하는 사람은 모든 것을 제 손아귀에 넣고 싶어 하고 자신의 한계를 깨닫지 못한다. 교육학자 롤프 아르놀트는 교육이 어떤 결과를 낳을지는 너무나도 불확실하다고 확언했다. 끊임없이 노력할 수는 있지만 그 결과는 예상할 수 없다는 것이다. 도발적이지만 정확한 말이다. 하지만 그럼에도 아이의 삶에 동행한 부모가 교육을 포기하거나 아이에게 모든 걸 맡겨버려서는 안 된다. 아이의 인생길에 동행하는 일은 시시포스가 감내해야 했던 노동과 같다. 기나긴 터널 끝에 이르렀다고, 빛이 보인다고 생각했지만, 그것은 이내 마주 달려오는 자동차의 불빛이었을 뿐임을 깨닫는 경우가 허다하다.

그럼에도 아르놀트의 말은 비관적인 표현이 아니다. 정확한 조리법만 있으면 모든 것을 계획대로 요리할 수 있다는 생각에서 벗어나라는 영적 차원의 표현이다. 교육은 그보다 훨씬 어려운 기술이다. 어떤 날에는 노력한 만큼의 결과를 얻어내 흐뭇한 마음에 빠져들지만, 또 다른 날에는 엉망진창이 되어 충격에 휩싸인다. 만사가 뜻대로 되는 날에는 흥분감에 휩싸여 앞으로도 이런 일만 계속 일어나기를 바라지만, 도대체 되는 일이 없는 날에는 밀려드는 절망감에 사로잡혀 자신의 무능력을 탓하게 된다. 아이를 키울 때도 마찬가지다. 부모도 행복한 순간을 붙들고 싶어 한다. 아이가 부모 말에 잘 따라줄 때는 모든 게 잘 돼가고 있다는 기분이 든다. 하지만 네 살짜리 아들이 마트 바닥에 드러누워 로봇을 사달라고 떼를 쓰면, 동화 속 한 장면처럼 바닥이 쭉 갈라져서 아이를 삼켜버렸으면 좋겠다는 생각이 든다. 하지만 그럴 때일수록 아이의 편이 돼주는 것이 중요하다. 모두에게 "그래요, 저 애가 내 아들이에요"라고 알려야 하는 것이다. '난 저런 애 몰라' 하는 심정으로 도망쳐서는 안 된다는 말이다. 누가 봐도 바람직한 행동을 할 때 아이를 인정하는 것은 쉬운 일이다. 하지만 부모가 원하는 대로 행동하지 않을 때 아이를 인정하기란 힘든 일이다. 하지만 그럴수록 더욱더 아이를 인정하는 일이 중요하다. 그리고 교육의 결과가 불확실하다는 사실을 깨달을수록 그렇게 하기가 수월해질 것이다.

  이런 주장은 사실 새로운 것이 아니다. 자식과 동행하다 보면 원치 않는 결과를 만날 수 있다는 사실을 가장 인상 깊게 보여주는 오래된 이야기가 있다. 바로 루카복음에 나오는 '돌아온 탕자' 이야기다.

  "어떤 사람에게 아들이 둘 있었다. 그런데 작은아들이 '아버지, 재산 가운데에서 저에게 돌아올 몫을 주십시오' 하고 아버지에게 말하였다. 그래서 아버지는 아들들에게 가산을 나누어 주었다. 며칠 뒤에 작은아들은 자기 것을 모두 챙겨서 먼 고장으로 떠났다. 그러고는 그곳에서 방종한 생활을 하며 자기 재산을 허비하였다. 모든 것을 탕진하였을 즈음 그 고장에 심한 기근이 들어, 그가 곤궁에 허덕이기 시작하였다. 그래서 그 고장 주민을 찾아가서 매달렸다. 그 주민은 그를 자기 소유의 들로 보내어 돼지를 치게 하였다. 그는 돼지들이 먹는 열매 꼬투리로라도 배를 채우기를 간절히 바랐지만, 아무도 주지 않았다. 그제야 제정신이 든 그는 이렇게 말하였다. '내 아버지의 그 많은 품팔이꾼들은 먹을 것이 남아도는데, 나는 여기에서 굶어 죽는구나. 일어나 아버지께 가서 이렇게 말씀드려야지.' '아버지, 제가 하늘과 아버지께 죄를 지었습니다. 저는 아버지의 아들이라고 불릴 자격이 없습니다. 저를 아버지의 품팔이꾼 가운데 하나로 삼아 주십시오.'

그리하여 그는 일어나 아버지에게로 갔다. 그가 아직도 멀리 떨어져 있을 때에 아버지가 그를 보고 가엾은 마음이 들었다. 그리고 달려가 아들의 목을 껴안고 입을 맞추었다. 아들이 아버지에게 말하였다. '아버지, 제가 하늘과 아버지께 죄를 지었습니다. 저는 아버지의 아들이라고 불릴 자격이 없습니다.' 그러나 아버지는 종들에게 일렀다. '어서 가장 좋은 옷을 가져다 입히고 손에 반지를 끼우고 발에 신발을 신겨 주어라. 그리고 살진 송아지를 끌어다가 잡아라. 먹고 즐기자. 나의 이 아들은 죽었다가 다시 살아났고 내가 잃었다가 도로 찾았다.' 그리하여 그들은 즐거운 잔치를 벌이기 시작하였다.

그때에 큰아들은 들에 나가 있었다. 그가 집에 가까이 이르러 노래하며 춤추는 소리를 들었다. 그래서 하인 하나를 불러 무슨 일이냐고 묻자, 하인이 그에게 말하였다. '아우님이 오셨습니다. 아우님이 몸성히 돌아오셨다고 하여 아버님이 살진 송아지를 잡으셨습니다.' 큰아들은 화가 나서 들어가려고도 하지 않았다. 그래서 아버지가 나와 그를 타이르자, 그가 아버지에게 대답하였다. '보십시오, 저는 여러 해 동안 종처럼 아버지를 섬기며 아버지의 명을 한 번도 어기지 않았습니다. 이러한 저에게 아버지는 친구들과 즐기라고 염소 한 마리 주신 적이 없습니다. 그런데 창녀들과 어울려 아버지의 가산을 들어먹은 저 아들이 오니까, 살진 송아지를 잡아 주시는군요.'

그러자 아버지가 그에게 일렀다. '얘야, 너는 늘 나와 함께 있고 내 것이 다 네 것이다. 너의 저 아우는 죽었다가 다시 살아났고 내가 잃었다가 되찾았다. 그러니 즐기고 기뻐해야 한다.'"

이 이야기에서 아버지는 위기를 새로운 시작의 기회로 본다. 자책하지도 않고 아들을 탓하지도 않는다. 그저 아들에게 관심을 보이며 의지할 곳을 제공하고, 이로써 자신이 의지할 곳을 얻는다. 또한 아들을 존중함으로써 자신을 존중한다.

이 이야기에서 전달하고자 하는 메시지는 체념적 고백이나 무관심한 방임이 아니다. 아버지는 아들과 함께 잔치를 연다. 아들이 돌아온 것을 기뻐하고, 새로운 시작을 알리기 위해서다. 여기서 아버지는 진정한 의미에서 겸손한 사람이다. 스스로를 실수와 약점을 가진 사람으로 인정할 줄 알고, 더불어 위기 속에서도 자신의 능력과 강점을 탐색하여 발굴할 줄 안다. 자식들을 똑같이 취급하지 않고 각자의 상황에 따라 요령 있게 대하지만, 또 그 과정에서 누군가에게 상처를 줄 수도 있다는 사실을 잘 아는 현명한 사람인 것이다.

불완전함에 대한 사랑

타고르는 "완전한 것은 불완전한 것에 대한 사랑 때문에 아름답다"라고 말한 바 있다. 완전함을 추구하다 보면 완벽주의에 빠질 수 있다. 하지만 완벽주의는 창의성을 억누르고, 놀라움이 들어설 자리를 없애며, 교육과 가족의 일상에서 기쁨을 제거한다. 부모가 모든 일을 자기 뜻대로 하려다 보면 자식과의 관계까지 어긋나게 된다. 부모가 정해준 길에서 조금만 벗어나도 아이의 잘못이라고 느끼게 되니 곧 싸움으로 이어지고, 그 끝에는 아무런 접점도 대책도 없는 무력한 관계만이 남게 된다. 완벽주의에 빠진 부모는 자기 비난과 질책에 사로잡히기도 쉽다. 이는 말할 것도 없이 부모 자식 관계에 부정적인 영향을 미칠 것이 뻔하다. 압박감에 시달리는 부모는 이를 자식에게 전가하기 일쑤이기 때문이다. 하지만 아이들이 그 압박감을 고스란히 견딜 리 만무하다. 반항할 것이고, 저항할 것이며, 온갖 방법을 동원해 부모의 노력을 좌절시킬 것이다.

아이들이 원하는 부모는 자신과 자신의 행동을 지지해주는 부모다. 각종 교육 프로그램을 준비해둔 부모, 모든 문제에 대해 서둘러 대답해주는 부모가 아니다. 사실 완벽한 부모는 없다. 아이들도 그 사실을 잘 알고 있다. 완벽한 길을 가려다 보면 결국엔 막다른 골목이나 다람쥐 쳇바퀴에 빠지고 만다. 늘 되풀이되는 질문과 무한히 반복되는 짐을 무겁게 짊어져야 한다. 무엇이 완벽하게 교육적인 행동일까? 완벽한 부모는 어떻게 행동해야 하는지 어떻게 알 수 있을까? 완벽한 부모는 존재하지 않기에 결국 상상만 난무하게 되고, 아름다운 꿈과 가상의 세계로 도피하게 된다. 다시 말해 '우리 아이가 내 뜻대로 한다면 얼마나 좋을까!' '조금만 더 노력하면 다 잘될 거야' 하는 식의 자기 암시에 빠져버리는 것이다.

이런 태도는 부모 자신에게도 압박감으로 작용한다. 뭔가 언짢은 기분이 드는데도 그 정체를 정확히 알아차리지 못한 채 자꾸만 스스로를 억압하려 든다. 그 기분을 경고로 받아들이지 못하고 오히려 더 완벽해지고자 한다. 자꾸만 뭔가를 해내야만 한다는 강박에 빠져드는 것이다. '지금보다 더 잘해야 해.' '신경을 더 많이 써야 해.' '그래야 해! 그래야 해! 그래야 해!'

미국의 저명한 심리치료사인 앨버트 엘리스는 이런 태도를 '머스터베이션(Musturbation)'이라 불렀다. 반드시 해야만 한다는 뜻의 'Must'와 자위행위를 의미하는 'Masturbation'을 조합한 말로, '완벽주의'를 실현하기 위해 일체의 인간성과 기쁨을 희생시키는 태도를 일컫는다. 그렇다면 아이를 그냥 내버려 두라는 말이냐고 항변하는 독자가 있을지도 모른다. 하지만 완벽주의를 버리라는 건 아이가 무엇을 원하든 상관하지 말고 무관심해지라는 뜻이 아니다. 완벽주의의 반대말은 아무런 고민 없는 무관심이 아니다. 그보다는 쉽게 말하면 '나는 최선을 다했어. 그걸로 됐어!' 하는 식의 인간적 태도를 키우는 것이다. 교육도 부모의 능력과 장점에 맞춰서 해야 한다는 것이다.

"내 아이를 다른 아이와 비교하지 말라." 200여 년 전, 페스탈로치가 한 말이다. 부모도 마찬가지다. 자신을 끊임없이 다른 부모와 비교하면 위축되고, 약해지며, 스스로의 능력을 과소평가하게 된다. 불완전한 자신을 받아들이고 인정해야 자의식도 생기고 자신감도 생긴다. 자신이 할 수 있는 일과 강점을 깨닫고, 더불어 자신의 약점과 문제점을 인정해야 자신은 물론이고 아이들의 불완전함을 진심으로 사랑할 수 있다.

실수의 친화성

실수를 받아들이면 발전의 기회가 열린다. 실수는 선물이다. 실수를 통해 더 강해질 수 있다. 이를 두고 '실수의 친화성'이라 부른다. 중요한 건 실수에 대한 생각의 전환이 절실하다는 것이다. 보통 우리는 실수를 저지르면 자신을 깎아내린다. '왜 난 안 될까?' 자문하다가 '그래, 난 못해. 절대 못할 거야' 하는 자괴감으로 이어진다. 이는 열등감, 좌절감, 실망감을 낳게 되고, 당연히 부모 자식 관계에도 부정적인 영향을 미친다. '왜 나만 이럴까?' 하는 식의 생각은 사람을 고독하고 나약하게 만든다. 이와 관련된 불교 이야기 한 편이 있다.

석가모니 부처님 시대에 인도 코살라국의 수도인 슈라바스티에 키사 고타미라는 여인이 살고 있었습니다. 고타미가 본명인데 너무나 야위어서 '키사(야윈)'라는 별명으로 불렸습니다.

그녀에게는 아들이 하나 있었습니다. 결혼해서 좀처럼 아기가 생기지 않다가 아주 어렵게 얻은 아이였습니다. 얼마나 정성을 쏟고 한없는 사랑으로 키웠는지 웬만한 사람은 상상조차 할 수 없을 정도였습니다.

그런 아들이 어느 날 갑자기 죽고 말았습니다. 아장아장 걸음마를 시작해서 눈에 넣어도 아프지 않을 만큼 한창 귀여울 때 아이가 돌연사를 한 것입니다.

고타미는 아이의 시체를 품에 안고 슈라바스티 거리를 정처 없이 헤매고 다녔습니다.

"제발 우리 아이 좀 살려주세요. 누구 약을 갖고 있는 사람 없습니까?"

그녀는 미친 듯 절규하며 돌아다녔습니다. 아이의 시체가 썩기 시작해서 냄새가 코를 찔렀지만 그녀는 시체를 품에서 내려놓을 줄 몰랐습니다.

"여인이여! 내가 그 약을 주겠노라."

문득 이런 소리가 들렸습니다. 석가모니 부처님이셨습니다. 부처님은 고타미에게 그 약의 재료가 되는 칼라시 씨앗을 구해 오라고 했습니다. 대신 그 씨앗은 지금까지 죽은 사람이 단 한 명도 없는 집에서 얻어 와야만 한다는 조건이 붙었습니다.

고타미는 슈라바스티에 있는 모든 집의 대문을 두드렸습니다. 씨앗을 얻으면 이렇게 물었습니다.

"혹시 가족 중에 죽은 사람이 있었습니까?"

이쪽 집을 두드려보고 저쪽 집을 두드려보고 길 건너의 집까지 두드려봤습니다. 그런데 어느 집이나 한결같이 죽은 사람이 있었습니다. 어떤 집은 작년에 아이가 죽었다고 말했습니다. 남편이 죽었다면서 눈물을 흘리는 여인도 있었습니다.

고타미의 광기는 조금씩 가라앉기 시작했습니다. 자기 혼자만 슬픔에 짓눌려 몸부림치는 것이 아니라는 사실을 깨닫기 시작한 것이지요. 그 어떤 사람도 묵묵히 슬픔을 견디며 살아가고 있었습니다.

그녀는 부처님이 계신 곳으로 돌아왔습니다.

"여인이여! 칼라시 씨앗을 구해 왔는가?"

"구하지 못했습니다. 부처님, 이제 약은 필요 없습니다. 이 아이를 다비해야겠습니다."

고타미는 낭랑한 목소리로 그렇게 답했습니다.

(2003년 '대숲바람'에서 간행한 『행복의 발견-에세이로 읽는 반야심경』에서 인용 - 옮긴이)

세미나를 하다 보면 어른들끼리의 연대감을 경험하게 된다. 즐거운 순간뿐 아니라 슬픈 순간에도 드러나는 공동의 깨달음 같은 것이다. 연대감은 이를테면 이런 감정으로 나타난다. '실수를 저지르지 않는 사람은 없다. 나만 그런 게 아니다.' 연대감은 타인의 말에 귀 기울이는 것이며, 타인에게 내 귀를 선물하는 것이다. 또한 타인을 이해하는 것이며, 그들이 가진 능력을 인정하고 배울 준비를 갖추는 것이다. 더 나아가 연대감은 타인이 어려움을 겪을 때 위로해줄 수 있는 마음의 준비이다. 연대감을 느끼는 사람은 애써 실수를 축소하지도 않는다. 실수를 성장의 발판이라 여기며 고개를 들라고 외친다. 완벽한 사람은 배울 것이 없는 법이다.

실수의 친화성은 삶에 대한 자세를 바꾼다. 문제가 생기면 이를 도전으로 받아들이며, 어려움에 부딪히면 자신감을 키우는 기회로 여긴다. 실수는 자신의 약점뿐 아니라 강점을 가르쳐준다.

조건 없는 인정과 사랑

아이들은 조건 없는 행복이 무엇인지 가르쳐주는 존재다. 아이들은 행복해지기 위해 많은 것을 원하지 않는다. 아득한 먼 미래가 아니라 지금 여기에서의 삶을 살기 때문이다.

아이들은 자신에게 뭔가 기대하는 관계를 원치 않는다. 조건 없는 인정과 사랑을 원한다. 조건 없는 사랑은 꽃의 향기와 같다. 어떤 꽃이라도 나름의 향기를 품는다. 그리고 그 향기를 모든 사람에게 퍼트린다. 더 가까이 다가오면 향기를 주겠다는 식의 조건을 내걸지 않는다. 꽃이 아무 조건 없이 향기를 발산할 수 있는 것은 자기만의 힘을 품고 있기 때문이다. 꽃이 향기를 품는 것처럼 사람의 내면에도 영적 차원의 힘이 숨어 있다. 자신의 자아와 하나 되고, 주변 세상과 하나 되게 하는 힘이 숨어 있다는 뜻이다. 인도에는 이런 속담이 있다. "새들과 하늘과 바다에 깃든 위대한 정신이여, 그대는 내 안에, 나를 둘러싼 만물 안에 있도다." 인간에게는 신적인 힘이 깃들어 있고, 교육은 이를 조건 없이 풀어놓는 과정이 돼야 한다.

영성의 기초, 성장과 놀라움

타고르는 말했다. "인간은 타고난 아이다. 그가 가진 최고의 재능은 성장이다." 한편 이런 말도 했다. "삶이란 내가 존재한다는 사실에 대한 놀라움의 연속이다."

  타고르는 여기서 영성의 기초가 되는 두 개념, 성장과 놀라움에 대해 말하고 있다. 아이들은 이 두 가지 특성을 온전히 간직하고 있는 존재다. 아이들은 성장하면서 다양한 발전 단계를 거친다. 성장은 앞으로만 달려가는 직선 주행이 아니라 여행이다. 굴곡 없는 여행은 없다. 여행은 작별의 슬픔과 재회의 기쁨, 행복의 순간과 절대적 절망을 포함한다.

  아이들은 주변의 소소한 일상과 온갖 경험 속에서도 늘 놀라워한다. 이 놀라움은 호기심에서 비롯된다. 호기심을 가지고 사물의 배후를 바라본다. 표면은 너무 추상적이고 매끈하며 따분하다. 아이들은 자연을 접하며 놀라워한다. 나뭇잎과 이야기를 나누고, 동물의 감정에 공감하며, 나무와 꽃과 새와 풍뎅이에게 영혼을 불어넣는다. '놀라움'과 '성장'이라는 두 개념은 내면에서 오는 영적 체험, 즉 상상력과 마법의 에너지를 드러낸다. 신학자 안톤 부허가 말했듯이 그런 체험은 가르치거나 전달할 수 있는 것이 아니다. 하지만 아주 유익한 것이다. 영적 체험의 또 다른 차원은 하나가 되고 싶어 하는 아이들의 마음에서 나타난다. 아이들은 자아, 주변 사람들, 자연, 더 높은 존재와 하나가 되고 싶어 한다.

영적 체험은 자신과 하나가 되는 데서 시작된다. 일단 자신의 몸과 하나가 되어야 한다. 자신의 몸을 느끼고 경험해야 한다. 따라서 아이가 무언가를 이해하려면 일단 만져보아야 한다. 어린아이들이 무엇이든 일단 손으로 쥐고 입으로 가져가는 것도 바로 그 때문이다. 모든 지적 경험은 신체적 경험을 전제로 한다. 아이들에겐 신체적 경험과 인식·추상·영적 경험이 모두 하나인 것이다.

아이들은 추상적이지 않다. 구체적이고 상세하다. 그래서 말하기보다 몸으로 표현한다. 아이들은 움직이고 싶어 한다. 내적으로나 외적(신체적)으로나 움직이고 싶어 한다. 아이들은 길을 좋아한다. 길을 걸으며 느끼고, 경험하고, 신체의 한계를 시험하고 싶기 때문이다. 얼마나 갈 수 있는지, 얼마나 참을 수 있는지 알고 싶은 것이다. 나아가 내면으로 향하는 신비한 길도 있다. 환상의 왕국, 마법의 왕국, 어른들은 들어갈 수 없는 곳, 아이들의 손에만 열쇠가 주어지는 땅으로 가는 길도 있다. 아이들이 신과 세상에 대한 자신의 생각을 들려줄 때엔 놀라움이 더 커진다. 그런 이야기를 할 때 아이들은 교훈이나 충고를 바라지 않는다. 그저 어른들이 귀 기울여 들어주기를, 어린 철학자들의 멋진 생각에 놀라움을 표해주기를 바랄

뿐이다. 아이들은 어른들이 지식으로 채워야 하는 빈 통이 아니다. 아이들은 자기만의 유일무이한 경험으로 가득 찬 풍요의 상징이다. 영적 교육이란 이 사실을 진지하게 받아들이고, 아이들의 특별한 재능을 존중하는 데서 시작된다.

아이들을 존중한다는 것은 그들의 말에 귀 기울이고, 말을 가로막지 않으며, 그들의 감정을 진지하게 인정하고 과소평가하지 않는다는 의미다. 페스탈로치의 말대로 아이들을 비교하지 않는다는 의미다. 모든 아이는 이 세상에 단 하나밖에 없는 소중한 존재다. 영적 교육은 그 사실을 깊이 새기고 전달하려 노력한다. 하지만 영적 태도는 말로 전달하는 게 아니라 몸으로 보여줘야 하는 것이다. 영적 태도는 서로를 존중하는 집안 분위기, 협력과 보호를 허용하는 의식 안에 숨어 있다.

그런데 이 모든 것을 실천하기 위해서는 내면의 힘이 필요하다. 많은 부모들이 자녀 교육에 지쳤다고 푸념한다. 아이들에게 모든 것을 다 해주려고 하기 때문이다. 그러다 보니 어느 순간 힘이 바닥났다는 느낌이 든다. 그러므로 부모에게도 영성이 필요하다. 영성을 이끌어낸다는 것은 가던 발걸음을 멈추고 마음의 소리에 귀 기울여 내면에 숨어 있는 힘의 원천에 다가간다는 의미다. 많은 이들에게 이 원천은 삶에 영감을 주는 신적인 힘이다.

아이가 밤마다 깨서 잠을 방해하는데 피곤하고 지치지 않을 부모는 없다. 하지만 이럴 때에도 자기 안에 더 강한 힘이 있다는 사실을 믿는 것이 중요하다. 아무리 힘들 때에도, 무력하기 짝이 없을 때에도 이 힘이 나를 떠받쳐줄 수 있을 것이라고 말이다. 지난밤 잠을 설쳤다는 사실에만 자꾸 집착한다면 점점 더 힘이 빠질 것이다. 아이가 자신을 너무 힘들게 한다는 사실에 두려움마저 느낄 것이다. 그러다 보면 두려움은 공격성으로 변한다. 자기 자신은 물론이고 주변 사람과 아이에게까지 공격성을 드러내게 될지도 모른다.

자신의 무력함을 자각하고, 자기 안에 사라지지 않는 다른 힘이 있다는 믿음을 갖는 것도 영성에 다가가는 또 다른 방법이다. 그 힘은 영혼 밑바닥에 있는 신의 샘물에서 흘러나온다. 하지만 이 샘물에 다가가기 위해서는 늘 자기 안으로 한 걸음 물러나야 한다. 온갖 근심과 걱정을 내려놓고 그 샘물을 향해 나아가야 한다. 말이야 그럴듯하지만 살다 보면 자기 자신에 대해 생각할 시간이 있겠느냐고 반문할 독자들도 있을 것이다. 맞는 말이다. 사실 모두 너무 바쁘게 살다 보니 따로 시간을 내 명상한다는 것이 말처럼 쉬운 일은 아니다. 하지만 하루를 어떻게 시작할 것인가는 스스로 결정할 수 있다. 예를 들어 하루 일과를 시작하기 전에 자기 자신과 만나는 작은 의식을 행할 수도 있다. 그 시간은 오로지 자기만의 것이다. 어떤 엄마는 소파를 의식의 장소로 택했다. "저한테는 신성한 시간입니다. 그 시간에는 세상이 저만큼 물러나죠." 아이들도 가까이 오지 못하게 한다. 아주 잠깐이면 족하다. 바쁜 일상의 한가운데에서 언제든 찾아갈 수 있는 영혼의 샘물이 있다는 생각만으로도 힘이 샘솟는다.

그 샘물에서 필요한 힘이 흘러나온다고 믿으니 아이를 대하는 태도도 달라진다.

아이를 키우는 부모는 뭘 어떻게 해야 할지 몰라 난감할 때가 많다. 아이가 떼를 쓰며 우는데 도저히 달랠 방법이 없을 때는 말 그대로 속수무책이라는 생각이 든다. 그럴 때 많은 부모, 특히 엄마는 자책하기 시작한다. 자기가 무언가 잘못한 게 있는 건 아닌지 자문한다. 자신의 마음이 편치 않으니 아이도 이를 느끼고 우는 것이라 지레짐작하기도 한다. 그렇게 자책하다 보면 자연스럽게 불안감이 엄습해온다. 하지만 그럴 때일수록 내면의 소리에 귀 기울이고, 자기 안에 직관의 샘물이 있다는 사실을 의심하지 않아야 한다. 머리를 쥐어뜯지 말고 이 샘물에 손을 담근다면 즉흥적인 해결책이 솟아나올 것이다. 갑자기 어떻게 해야 할지 깨닫게 될 것이다. 아이를 가만히 지켜보는 것도 좋은 방법이다. 인내심을 가지고 아이가 언젠가는 진정될 것이라 믿으며 가만히 바라보는 것이다.

부모가 아이를 잘 키우려면 무엇보다 스스로를 잘 챙겨야 한다. 영성에 다가가는 것은 자신을 돌보는 방법이며, 혼란의 한가운데에서 걸음을 멈추는 방법이다. 개인적인 의식이야말로 영성을 회복하는 데 큰 도움이 될 수 있다. 예를 들어 아침마다 기도를 하거나, 잠시 행동을 멈춘 채 신의 축복이 아이에게로 흘러드는 상상을 하는 것이다. 그러고 나면 아이가 다른 눈으로 보인다. 굳건한 믿음으로 아이를 놓아줄 수 있게 된다. 아이가 혼자 길을 걷는 게 아니라 신의 축복이 동행한다는 사실을 알기 때문이다. 혹은 아이가 잠든 깊은 밤, 마치 자기 안에 있는 고요의 방에 들어앉아 문을 잠그듯 양손을 포개어 가슴에 얹는다. 그 방에서 자신의 내면에 있는 샘물과 만나는 것이다. 아무리 지치고 피곤해도 그 방에서 샘물을 만날 수 있다는 사실을 믿는다. 그 방에 자책감이나 죄책감은 출입금지다. 그저 자기 자신과 함께 평화로움을 느낀다. 이 의식은 낮에도 행할 수 있다. 아이들이 낮잠을 잘 때 집안일을 하는 것도 좋겠지만, 그보다는 잠시나마 시간을 내어 고요의 방으로 물러나보자.

적지 않은 부모들이 항상 주기만 해야 한다는 생각에 사로잡혀 있다. 물론 줄 수 있으면 좋겠지만, 그러다 어느 순간 자신에게 아무것도 남아 있지 않게 될 수도 있다. 주고받는 관계에도 균형이 필요하다. 무언가 줬다면 스스로를 채우고 받는 시간도 필요하다. 책을 읽어도 좋고, 장보러 나갔다가 짬을 내어 교회에 들러 잠시 머물러도 좋다. 1년에 한 번 며칠 동안 여행을 가거나, 관심 있는 것을 배우거나, 영혼을 채울 수 있는 일을 하는 것도 좋을 것이다. 많이 주는 사람에겐 더 많은 것이 필요하다는 말도 있다. 많이 주는 사람은 더 많은 관심과 인정을 받고 싶어 한다. 항상 만인에게 사랑받고 싶어 한다. 하지만 주기만 한다면 얼마 못 가 가진 것을 다 소진해버릴 것이다. 그와 달리 내면 깊은 곳의 샘물에서 넘칠 만큼 받고 있기에 나눠주는 것이라면 앞으로도 계속 그럴 수 있다. 영성은 일종의 자기 보호이자 자기 사랑이다. 영성을 통해 스스로를 보살피는 것이다. 내면의 샘물에서 오로지 자기 자신만을 위해 있어도 좋다. 오직 자신에게 유익한 세상으로 걸어 들어가는 것이다. 그곳에서 스스로를 위로하고 일으켜 세우는 힘을 얻는다. 노래를 부르며 잠시 일상의 걱정을 털어버리고 기쁨과 사랑의 감정을 만난다. 영성에는 기도도 포함된다. 기도하며 근심과 두려움을 신에게 맡기고 자신을 보살피는 신의 손길을 느낀다. 또한 아이들을 위해 기도한다. 기도는 아이들의 미래에 대한 걱정과 두려움을 덜어준다. 신이 아이들을 잘 보살펴주리라 확신할 수 있기 때문이다.

2

믿음, 소망, 사랑이란 무엇인가

자녀 교육에서 영성이 갖는 의미

희망이란 궁극적으로 온전히 상대방을 희망한다는 뜻이다.
나는 너를 위해 희망하고, 나는 너를 희망한다.
희망이란 내 아이를 절대로 포기하지 않는다는 의미이며,
아이가 성장하기를 언제까지나 기다릴 수 있다는 의미이다.
그리고 희망이란 아이의 성장을 희망한다는 것이고,
아이가 자신의 유일성을 깨닫고 자기만의 삶을 살아갈 수 있기를 희망한다는 뜻이다.

그리스도교의 영성은 구체적인 행동으로 표현된다. 그중 가장 중요한 덕목으로 믿음, 소망, 사랑을 꼽는다. 이 세 가지 덕목이 교육에서 어떤 의미를 지니는지 살펴보자.

아이의 유일성에 마음을 여는 믿음

믿음은 신에 대한 믿음뿐 아니라 사람에 대한 믿음도 포함한다. 신에 대한 믿음은 아이를 양육하고 교육할 때 부모가 책임져야 할 부담을 경감시켜준다. 신에게 의지한 부모는 자신이 할 수 있는 최선을 다하지만 그 교육방법이 완벽한지, 아이에게 해가 되지는 않는지 너무 깊이 고민하지 않는다. 최선을 다한 뒤 비록 실수가 벌어진다 해도 신의 축복이 함께하리라 믿는다. 어떤 부모도 자신의 방법이 옳다는 것을 입증할 수 없다. 하나 확실한 건 교육의 결과가 불확실하다는 사실이다. 교육은 무엇보다 관계다. 부모는 아이와의 관계를 신뢰해야 한다.

교육 관련 지침서들을 읽으면 마음이 불안해진다는 부모가 있다. 자신이 정말 잘하고 있는 것인지, 자신의 교육방식에 문제가 있는 것은 아닌지 온갖 생각이 든다는 것이다. 물론 자신의 태도를 점검해보는 것은 좋은 일이다. 하지만 완벽주의는 피해야 한다. 따라서 그 부모에게 해줄 수 있는 대답은 이렇다. 아이들은 부모가 어떻게 가르치든 결국 그 '무언가'가 된다는 것이다. 아이들 곁엔 부모만 있는 것이 아니다. 아이 스스로 품고 있는 강인함이 동행할 것이며, 아이를 보호하고 올바른 길로 인도하는 수호천사가 동행할 것이다. 모든 것을 혼자 해결할 필요는 없다는 믿음, 수호천사가 아이를 지켜주고 아이의 참된 본성이 발현될 수 있도록 도와준다는 믿음은 부모가 마음의 부담을 덜고 훨씬 더 여유롭게 교육에 임할 수 있게 해준다.

가족 안에서 영성을 받아들인다는 것은 우리 아이가 유일한 존재라는 사실을 믿는다는 것을 의미한다. 그리고 아이의 입장이 되어 그 아이만의 유일한 형상을 발견하려 노력한다는 것을 의미한다. 부모는 아이에게 자신의 형상을 투영할 위험이 높다. 하지만 이는 아이의 유일성, 즉 신이 아이에게 선사한 유일성을 성장시켜 나가지 못하도록 방해한다.

한 어머니가 이런 이야기를 한 적이 있다. 언니가 있었는데, 얼굴도 예쁘고 공부도 잘해서 어디에 가나 사랑을 받았다고 한다. 그러다 보니 늘 언니와 비교당했고 깊은 상처를 받았다는 것이다. 그런데 어른이 되어 결혼해 낳은 딸이 너무나 예뻐 아이를 보면 자꾸만 언니 생각이 난다고 한다. 부모의 형상을 아이에게 투영할 경우 아이는 진짜 제 인생을 살지 못한다. 본래의 자신이 돼서는 안 되기 때문이다. 또 부모는 아이에게 공격적인 감정을 표출한다. 자신에게도 아이에게도 정당하지 않은 심판관이 되는 것이다.

믿음이란 항상 아이를 관찰하면서 이렇게 고민하는 것이다. '이 아이만의 특별한 점은 무엇일까?' '이 아이는 어떻게 반응하나?' '어떤 부분에서 감동을 받나?' 이 지점에서도 내면의 고요와 만날 필요가 있다. 부모가 아이에게 무의식적으로 뒤집어씌운 형상을 벗겨내고, 아이 내면에 자리 잡은 유일성에 마음을 열기 위해서다.

세례는 아이가 신의 아이라는 사실을 상기시킨다. 아이에게 물을 끼얹은 것은 부모가 투영한 관념 때문에 혼탁해진 아이를 정화시킨다는 의미이기도 하다. 세례는 부모를 위한 것이기도 하다. 부모에게 아이에 대한 기대와 동경을 떨쳐버려야 한다는 사실을 상기시켜주기 때문이다. 또 세례 중에는 이렇게 말한다. "너는 내가 사랑하는 아들, 내 마음에 드는 아들이다, 너는 내가 사랑하는 딸, 내 마음에 드는 딸이다." 카를 프릴링스도르프는 『생존에서 삶으로』에서 많은 부모가 아이에게 존재 이유와 조건을 내건다고 주장한다. 이를테면 '말 잘 들으면' '이걸 하면' '성적이 좋으면' '얌전하게 굴면' 하는 식으로 조건을 둔다는 것이다. 이렇듯 조건에 제약을 받는 아이는 어떻게든 사랑받기 위해 완전히 순응한다. 하지만 무엇이든 남에게 보이기 위해서만 한다. 그것은 말 그대로 생존에 불과할 뿐 진짜 삶이 아니다. 조건 없이 존재할 때 진정한 삶을 살 수 있는 것이다. 부모를 비롯한 주변 사람들에게 조건 없이 인정받을 수 있어야 한다. 세례는 부모에게 아이를 무조건적으로 인정하고 사랑해야 한다는 사실을 상기시켜준다.

아이를 믿는다는 것은 그 선한 본성을 믿는다는 뜻이다. 성 베네딕투스는 이를 모든 인간에게서 예수를 봐야 한다는 말로 표현했다. 예수는 아이의 유일하고 진정한 자아를 드러낸다. 예수는 절대적으로 선하고 순수하며 투명한, 죄에 물들지 않은 내면의 본성을 상징한다. 아이의 선한 본성을 믿으면, 아이가 자기 안에 숨어 있는 선함과 유일성을 발현하도록 도울 수 있다. 아이는 부모가 자신을 믿는지, 자신의 능력을 믿는지 금방 감지한다. 아이에게 부정적인 측면이나 유전적인 문제가 있을까 봐 겁내는 부모가 많다. 그런 두려움은 아이에게 해가 된다. 어떤 외적 현상에도 유혹되지 말고 아이의 선한 본성을 믿어야 한다. 아이가 이해할 수 없는 일을 저지를 때, 그래서 절망적인 심정으로 '내게 무슨 죄가 있어 저 아이가 이러나' 하는 마음이 들 때일수록 더욱 그러한 믿음을 지켜야 한다.

아이를 믿는다는 것에는 또 다른 의미가 있다. 신학자 로마노 과르디니는 이런 말을 했다. "신은 모든 인간이 탄생할 때 오직 그에게만 맞는 언어로 말씀하신다." 그러므로 한 사람이 태어나 해야 할 임무는 신이 그에게만 말한 유일한 언어를 이 세상에 들려주는 것이다. 따라서 아이를 믿는다는 것은 신이 아이를 통해 말하고자 하는 바를 듣는다는 의미다. '이 아이가 보내는 메시지는 무엇일까?' '신은 이 아이를 통해 무슨 말씀을 하시려는 걸까?' 이런 질문은 특히 신체적으로나 정신적으로 아픔을 겪고 있는 아이들에게 중요하다.

치명적인 질병이 있는 사내아이를 키우는 한 어머니가 자기 치유 모임에 참가했다. 그곳에서는 부모가 이런 상황에 어떻게 대처해야 하는지를 다루었다. 아이에게 어떤 행동을 취해야 하는지, 부모는 스스로를 어떻게 보살펴야 하는지에 대한 질문이 주를 이루었다. 분명 부모에게 큰 도움이 되는 질문들이었다. 그런데 그녀는 대화를 거듭하던 중 문득 자신의 아이가 메시지를 보내고 있다는 생각이 들었고, 그날 이후 아이와의 관계가 완전히 달라졌다. 아이가 전하는 마음의 소리에 귀 기울이기 시작한 것이다. 그녀는 아이의 내면에 얼마나 많은 것이 숨어 있는지를 느꼈다. 아이의 풍부한 감수성과 지혜를 고스란히 느끼게 된 것이다. 믿음은 경청에서 출발한다. 아이들의 말에 귀 기울여야 하고, 그들이 중요한 메시지를 보낸다는 사실을 믿어야 한다.

신체적·정신적으로 곤란을 겪는 아이를 둔 부모는 처음에 충격에서 헤어나기가 쉽지 않다. 아이가 안고 있는 문제를 어떻게 받아들여야 할지 두려워서 온 가족이 고통을 받는다. 하지만 충격에서 벗어나기 시작하면 그 아이가 오히려 축복임을 깨닫는다. 돌봐줘야 할 가엾은 존재가 아니라는 걸 알게 된다. 그 아이에게 엄청나게 많은 보물이 숨겨져 있음을 깨닫게 되는 것이다. 믿음이란 그 보물을 발견하고 감사할 줄 아는 것이다.

아이를 온전히
희망하는 소망

소망한다는 것은 곧 희망한다는 것이다. 희망이 없다면 부모가 될 수 없다. 희망이란 막연한 기대와는 다른 것이다. 기대는 실망을 낳을 수 있다. 아이가 공부를 잘 못해서, 아이가 원하는 학교를 가지 못해서, 아이가 남들만큼 번듯한 직장을 잡지 못해서 실망할 수 있다. 하지만 온전히 희망하면 실망하지 않는다. 프랑스 철학자 가브리엘 마르셀의 말처럼 희망이란 궁극적으로 온전히 상대방을 희망한다는 뜻이다. 나는 너를 위해 희망하고, 나는 너를 희망한다. 희망이란 내 아이를 절대로 포기하지 않는다는 의미이며, 아이가 성장하기를 언제까지나 기다릴 수 있다는 의미이다. 그리고 희망이란 아이의 성장을 희망한다는 것이고, 아이가 자신의 유일성을 깨닫고 자기만의 삶을 살아갈 수 있기를 희망한다는 뜻이다.

사도 바울은 희망에 대해 이렇게 말했다. "이미 충족된 희망은 희망이 아니다. 눈에 보이는 것을 어떻게 희망할 수 있겠는가? 눈에 보이지 않는 것을 희망하며, 인내심을 갖고 견뎌야 한다." 우리는 아이에게서 눈에 보이지 않는 것을 희망한다. 희망이란 눈으로 볼 수 없는 것을 보이게 하기 때문이다. 희망은 감동을 일으키는 힘이다. 아이가 똑같은 실수를 반복한다고 해서, 앞으로 나아가지 못한다고 해서, 얼른 발전하지 못한다고 해서, 아직 말을 할 줄 모른다고 해서 금방 절망하는 부모는 없다. 희망은 아이에게 성장할 수 있는 여지를 준다. 인생은 살 만한 것이라는 희망을 스스로에게 심어주는 미래의 공간을 선사한다. 추상적으로 들릴지 몰라도 교육의 일상에서 희망은 큰 의미를 지닌다.

한 아버지가 아홉 살짜리 아들이 학교에 가지 않겠다고 해서 고민이 많았다고 털어놓았다. 다른 아이들이 놀릴까 봐, 때릴 까 봐 겁이 나서 학교에 안 가겠다는 것이었다. 그런데 아버지의 반응이 바람직하지 못했다. 너무 걱정이 되는 바람에 아들에게 병원에 가자고 한 것이다. 이렇듯 불안한 반응은 도움이 되지 않는다. 아버지의 불안이 아들에게 전달되기 때문이다. "너는 정상이 아냐. 부모에게 걱정을 끼치는 존재야"라고 질책하는 것과 다름없는 것이다. 그보다는 희망에 대해 이야기하며 대응하는 것이 좋다. 우선 아이의 말에 귀 기울이고, 아이의 불안에 공감해주는 것이 중요하다. 학교에서 무슨 일이 있었는지, 무엇 때문에 겁이 나는지 물어야 한다. 동시에 아이가 두려움을 극복하고 학교에 갈 수 있게 무엇을 도와야 할지 물어야 한다.

아이들에게는 에너지와 자원이 풍부하다. 아이들은 매우 창의적이어서 스스로 해결책을 찾아낸다. 아이들은 상대가 자신을 믿는지 안 믿는지 정확히 간파한다. 하지만 부모는 늘 불안해한다. 아이가 아프지는 않은지, 잘못된 길로 빠지는 건 아닌지 걱정한다. 철학자 에른스트 블로흐는 이렇게 말했다. "희망은 두려움을 익사시킨다." 또한 희망을 치유의 힘으로 본 심리학자 베라 카스트는 "인간에게 희망은 두려움보다 원초적이다. 그 때문에 우리는 적극적으로 희망할 수 있다"고 말했다.

이탈리아 시인 단테는 지옥에 대해 "여기 들어오는 자, 모든 희망을 버려라"라고 썼다. 희망이 없는 곳이 곧 지옥이다. 부모가 아이에게 희망을 전하지 못하면, 부모 스스로가 희망이 없다면, 가정은 아이에게 지옥이나 다름없다. 아이는 희망이 없는, 빛도 없고 생명력도 없는 공간에서 살아가게 된다. 모든 것이 시들어가고, 무기력해지며, 아무런 전망도 없게 된다. 부모가 아이에게 희망을 전해야만 아이는 살 수 있고, 숨은 능력도 발휘할 수 있다. "희망은 가장 마지막에 죽는다"라는 러시아 속담이 있다. 희망이 없다면 생명은 마비되며 죽은 채로 사는 것과 다름없다.

아이를 조건 없이
받아들이는 사랑

부모는 자식을 사랑한다. 하지만 이 사랑은 무척이나 고달픈 것이다. 특히 아이가 어릴수록 더 그렇다. 늘 잠이 모자라고, 24시간 아이를 위해 대기하고 있어야 하며, 아이가 삶의 리듬을 좌우한다. 이렇듯 지속적인 부담에 시달리면서도 아낌없이 다 내주려 애쓰는데도 아이는 뜻대로 되지 않는다. 갑자기 불안해하고, 안정을 찾지 못하며, 심지어 파괴적인 행동을 하기도 한다. 이때 부모들은 대부분 심한 좌절감에 빠진다. 스트레스에 시달리며 아이를 낳는다는 것이 이런 일인 줄은 몰랐다고 하소연한다.

자식에 대한 사랑을 지키는 방법은 두 가지다. 첫째, 영성의 길을 걷는 것이다. 내 안에 마르지 않는 사랑의 샘이 있다고 믿는 것이다. 사랑이 고갈돼간다고 느끼면 내면에 흐르는 이 샘과 접촉하려 노력해야 한다. 그러면 힘든 상황에서도 사랑이 샘솟는다. 사랑은 단순한 감정 이상의 것이다. 아이를 조건 없이 받아들이고 바람직하게 대하도록 도와주는 힘의 원천이다.

사랑을 쉬지 않고 되살리는 두 번째 길은 부정적인 감정도 진지하게 받아들이는 것이다. 부모라고 해서 아이에게 사랑만 느끼는 것은 아니다. 때로는 공격성도 느낀다. 하지만 아이에게 공격성을 느낀다는 이유로 자책하는 부모들이 많다. 이들은 대부분 사랑을 너무 완벽하게 생각한다. 사랑과 공격성은 서로의 짝이다. 공격성은 관계에서 친밀함과 거리를 조절하기 위해 존재한다. 엄마가 아이를 향해 공격성을 느낀다면, 이는 자신에게 좀 더 신경을 써야 한다는 신호다. 아이와 조금 거리를 취하고 자신을 위해 시간을 투자하라는 경고다. 하지만 영성에 대한 부적절한 이상을 품으면 언제 어떤 상황에서도 아이를 사랑해야 한다는 완벽주의에 빠지게 된다. 그러다 보면 자연히 공격성을 억압하게 되고, 그럼에도 불쑥불쑥 나쁜 감정이 치밀 때마다 스스로에게 실망한다.

공격성을 억압하다 보면 비합리적인 두려움이 생겨나 아이에게 폭력을 가할 수도 있다. 한 어머니는 부엌에서 칼을 쓸 때마다 아이에게 상처를 입힐지도 모른다는 두려움에 사로잡힌다고 털어놓았다. 물론 그녀는 아이를 무척 사랑한다. 하지만 사랑은 절대적이어야 한다고 생각했기에 아이에 대한 공격성을 억압했고, 그 결과 강박적인 두려움이 생겨난 것이다. 따라서 절대적 사랑이라는 이상과 작별을 고해야 한다. 그래야만 자신의 공격성을 받아들이고 소화할 수 있을 것이다. 공격성은 아이와 잠시 거리를 취하고 자신을 위한 시간을 내라는 경고이자 신호일 뿐이다.

건강하지 못한 영성은 자신에 대한 과도한 요구로 표출된다. 즉 절대적으로 사랑할 능력이 있어야 한다고 스스로에게 요구한다. 하지만 절대성은 신만이 가진 능력이다. 그런데 인간인 우리가 스스로를 신으로 만든다. 항상 아이를 위해 대기하고 있어야 하고, 아이에게 모든 것을 해줄 수 있어야 하며, 절대적인 안전을 선사할 수 있어야 한다고 생각한다.

처음에는 아이도 부모를 신과 같이 진지전능하다고 믿는다. 하지만 얼마 지나지 않아 그 신의 형상에는 흠집이 생긴다. 아이가 부모의 한계를 발견하게 되는 것이다. 영적 교육은 아이가 바람직하게 변화하도록 돕는다. 부모에게 투영한 신의 모습을 걷어내고, 더 높은 곳에 있는 절대적 사랑에 마음을 열 수 있도록 만든다. 신에 대한 믿음은 아이들이 신의 자리에서 물러난 부모를 받아들이고, 부모의 제한된 사랑을 감사하는 마음으로 즐길 수 있도록 도와준다.

3
삶과 죽음에 대한 물음

시작과 끝을 본능적으로 느끼는 아이들

발을 들었다 내려놓는 것이 걸음걸이의 일부이듯 탄생과 죽음도 삶의 일부이다.
아이들은 이 사실을 본능적으로 느낀다. 그래서 아이들은 시작과 끝에 대한 질문을 많이 한다.
시작과 끝에 대한 질문을 던지기 시작한 아이는 이제 지금까지와는 다르면서도
지금처럼 확고하고 믿을 만한 안전을 보장받길 원한다. 안전하다는
확신이 들어야 지금까지 몰랐던 새로운 경험에 마음을 열 수 있기 때문이다.

미국의 발달심리학자 로버트 해비거스트에 따르면, 모든 아이는 각 연령대마다 수행해내야 할 발달 과제가 있다. 이 과제를 신체적, 정서적, 사회적, 언어적, 지적 관점에서 성공적으로 성취해내야만 다음 발달 단계로 자연스럽게 진행할 수 있다. 이는 달리 말하면 신생아 때부터 유소년기를 거쳐 사춘기에 이르기까지 각 단계마다 아이는 익숙한 것과 작별을 고하고 미지의 땅으로 고개를 돌릴 수 있어야 한다는 의미다. 그렇게 하기 위해서는 힘과 에너지가 필요하고, 도전을 두려워하지 말아야 한다.

아이들이 삶과 죽음의 문제를 묻는 까닭

아이들은 다 제각각이다. 모든 아이가 유일한 존재다. 신학적으로 말하면, 신은 그 아이를 통해서만 발현되는 말씀을 전하신다. 모든 아이는 신의 말씀이 육화된 것이다. 달리 말하면 모든 아이는 신의 유일한 형상이다. 모든 아이는 신이 인간에게 꾸는 꿈이다. 부모는 아이의 유일성과 특별함을 항상 기억해야 한다. 신의 형상이 아이를 통해 어떻게 발현되는지 말로는 명확히 설명할 수 없다. 하지만 아이에게 내재하는 신의 형상을 믿는다면, 그 아이만이 지닌 특별함과 개성에 대해 마음을 열게 될 것이다.

부모는 항상 자신의 바람을 아이에게 투영할 위험이 높다. 그러면 아이는 자신이 살아서는 안 되는 삶을 살아야 한다. 부모는 아이에게 모든 길을 열어주었다고 믿지만, 사실 아이는 부모의 삶을 대신하는 것일 뿐 자신의 길을 가지 못하게 되는 것이다.

미국의 신학자이자 심리학자인 존 브래드쇼는 아이들이 천성적으로 영적이며 '나는 나'라는 자연스러운 태도를 따른다고 말했다. 태어날 때부터 그런 감각을 지니고 있다는 것이다. 그래서 자발적이며 자기 자신에게 충실하다. 또한 브래드쇼는 이렇게 말한다. "각자가 '자기답다'는 것은 우리가 신을 닮았다는 핵심적인 증거다. 이를 느낄 수 있다면 조화롭게 자기 자신을 받아들이게 된다. 아이들은 천성적으로 그럴 수 있다. 아무 아이나 관찰해보라. 그 아이가 '나는 나'라고 표현하는 것을 쉽게 볼 수 있을 것이다."

안타깝게도 부모는 종종 아이에게 영적인 상처를 입힌다. 아이가 보여주는 독창적이고 영적인 모습을 조롱하는 것이다. 자신의 원초적 영혼이 말하는 바를 있는 그대로 드러내는 아이를 보고 무시하거나 놀린다. 그 결과 아이는 어쩔 수 없이 현실에 순응하고, 자신이 타고난 감각을 거부하게 된다. 브래드쇼는 말한다. "우리가 비독립적이고 수치심만 가득한 어른이 되는 것은 어린 시절 겪은 영적인 상처 탓이다. 결국 한 남자나 한 여자가 실패한 인생 이야기는 경이롭고 특별했던 한 아이가 '나는 나'라는 느낌을 잃어버린 이야기다." 수치심이 가득한 아이는 온전히 자기 자신이 될 용기를 내지 못한다. 부모의 인정과 사랑에 목을 매고, 타인의 판단에 흔들리며, 남의 마음에 들기 위해 사력을 다한다.

한편 이와는 정반대의 위험한 태도를 보이는 부모도 있다. 아이를 신격화하는 부모다. 아이가 독창적인 행동을 할 때, 심지어는 지극히 평범한 행동을 할 때도 자기 아이가 천재라고 떠벌인다. 아이에게도 온갖 찬사를 퍼붓는다. 하지만 이 역시 옳은 방법은 아니다. 이런 부모는 아이와 바람직한 동반자 관계를 맺을 수 없다. 아이와 건강한 관계를 형성하려면 교육적인 격려와 아이의 유일성에 대한 경탄 사이에서 적절한 긴장관계를 유지해야 한다. 다시 말해 아이의 유일성에 마음을 열면서도 적절하게 경계 긋고 조절하는 삶을 몸소 실천해 보여야 하는 것이다. 그러려면 끊임없이 아이의 입장이 되려고 노력해야 한다. 이 아이는 누구일까? 무슨 생각을 할까? 어떤 기분일까? 무슨 느낌일까? 무엇이 필요할까? 내게 원하는 것이 무엇일까?

아이는 길을 묻는 손님이다. 하지만 아이가 묻는 까닭은 어른에게서 답을 얻기 위한 것이 아니다. 세상을 관찰하면서 느낀 놀라움과 충격으로 고민에 빠지기 때문에 스스로 질문을 던지는 것이다. 아이들은 호기심이 넘칠 뿐 아니라 자기 방식으로 나름의 답을 찾는 철학자다. 그럴 때 아이들은 너무나 사려 깊고, 또 때로는 너무나 유머러스하다.

학습은 프로그램으로 완성되는 것이 아니다. 학습의 경험은 아무 계획 없이, 가정·학교·유치원에서의 교육과 상관없이 쌓여가는 것이다. 그러므로 교육은 독학의 길이기도 하다. 물론 부모나 교사가 교육에 미치는 영향을 무시하거나 과소평가하는 것은 아니다.

아이가 자라 주변과 세상을 탐색하기 위해 길을 떠날 때, 안전한 울타리를 갑갑하다고 느끼고 부모가 그어준 경계 너머 미지의 세상을 정복하고 싶을 때가 되면 아이는 자신을 포함한 많은 것에 의문을 제기한다. 지금까지의 지식으로는 더 이성성에 차지 않는 것이다.

네댓 살 무렵의 아이들이 품는 가장 중요한 의문은 둘이다. 바로 삶과 죽음에 대한 의문이다. 아이들은 보통 이런 식으로 묻는다. "나는 어디에서 왔나요?" "엄마, 아빠한테 오기 전에는 어디에 있었나요?" "엄마도 아빠도 나도 죽게 되나요?" 이것은 처음과 끝을 묻는 철학적인 질문이다. 그리고 이 질문은 아이가 길을 떠날 때, 익숙하고 안전한 곳을 떠나 멀리 나아갈 때 자신을 안전하게 보호해줄 것은 누구인가 하는 의문과도 맞닿아 있다. 이는 곧 인정받고 보호받고 싶다는, 친숙한 사람들과 튼튼한 끈으로 연결되고 싶다는 소망과 다르지 않다.

　모든 아동과 청소년은 비합리적·감성적으로 연결되어 있는 사람, 무조건적으로 신뢰할 수 있는 사람을 필요로 한다. 자신을 보호하고 안전을 보장해줄 발판을 찾는 마음속에는 믿고 신뢰할 수 있는 신을 향한 마음도 숨어 있다. 그런 존재가 없다면 삶은 너무나 고독해질 것이고, 감히 세상으로 나아가 독립적으로 살아갈 엄두를 내지 못할 것이기 때문이다. 가비 폰 툰의 『사랑하는 신은 코끼리예요』에는 아이들에게 자신이 상상하는 신의 모습을 그리게 한 뒤 왜 그렇게 표현했는지 말해보라고 시키는 내용이 나온다. 그랬더니 한 아이가 이렇게 대답한다. "저는 신이 우리를 관찰하는 사람이라고 상상해요. 언제나 우리를 내려다보며 웃고 있는데, 그 웃음이 땅 위의 사람들에게 평화를 줘요. 그리고 신은 태양을 선물해줘요. 가끔 너무 더우면 열을 식히려고 비도 내려주고요."

　심리분석가 데이비드 위니코트는 익숙한 항구를 떠나 삶의 폭풍에 맞서려는 아이들에겐 이행 대상(移行對象, transitional object)이 필요하다고 말했다. 자율과 독립을 견뎌낼 수 있도록 도와주는 상징, 대상, 의식이 필요하다는 것이다. 그것은 테디 베어일 수도 있고, 이불이거나 젖꼭지일 수도 있다. 예를 들어 열한 살인 타마라는 이렇게 말한다. "여우 인형이 있는데요. 이름이 리키고요, 꼬리만 하얗고 몸은 빨개요. 내가 필요할 때마다 언제든지 도와줘요. 리키도 말하고 생각할 수 있을까요? 아마 그럴 거예요. 리키는 하늘의 구름 위에서 살까요? 아마 그럴 거예요."

신을 '이행 대상'이라 부르는 건 좀 이상하게 들릴 수 있겠다. 하지만 사람 간의 연결 끈이 불안하고 위태로운 순간, 상징의 끈이 큰 의미를 준다는 것만은 분명하다. 상징의 끈은 언제 어디에나 있기 때문이다. 그리고 어느 시점이 되면 '실제' 이행 대상이 더 이상 필요하지 않은 순간이 온다. 상징과 형상 속에 담겨 있기 때문이다. 가비 폰 툰의 책에 나오는 그림들이 이를 입증한다. 신은 빛과 별과 태양과 달로 등장한다.

아이들은 창의적이어서 엇길로 빠지지 않고 자신이 인식한 것을 정확히 표현할 줄 안다. 여덟 살인 레오나는 부모를 따라 개펄에 다녀온 후 이렇게 말했다. "모세가 바다를 건너갔어요. 아마 썰물 때였나 봐요." 열 살 마리오와 여덟 살 토마스의 대화도 사랑스럽기 그지없다. 마리오가 먼저 말한다. "레고 탑을 하늘에 있는 신에게 닿을 때까지 쌓을 거야. 그리고 신에게로 올라갈 거야." 그러자 토마스가 말한다. "그러다 땅으로 떨어져서 죽게 될 거야." 마리오가 재치 있게 대답한다. "죽으면 다시 올라가지."

신은 자극과 도전이며, 위안이자 마지막 보루이다. 이는 자립심과 자의식을 키우기 위해 집을 나서는 아이들에게 필요한 것이다. 그리고 종교교육학자 헬가 콜러-슈피겔의 말대로 아이들은 이야기와 그림을 통해 "혼자 있어도 외로움에 병들지 않은 채 잘 견딜 수 있고, 세상이 던지는 임무와 도전에 당당히 맞서며 희망을 잃지 않도록 도와주는 상징적 공간을 창조한다."

상징적 공간과 형상은 위로를 주고 상실을 견딜 수 있게 해준다. 열두 살 아울로나는 자신의 그림에 대해 이렇게 설명한다. "내 수호천사는 오빠예요. 지금은 저기 하늘에 있어요. 오빠를 잘 알지는 못하지만 어떻게 생겼는지는 알아요. 살아 있었다면 지금 열세 살일 거예요. 오빠는 내 수호천사예요. 앞으로도 영원히 그럴 거고요."

아이들이 신에 대해 들려주는 이야기는 보물 같은 메시지로 가득 차 있다. 그것은 바로 신이나 수호천사와 같은 튼튼한 끈과 관계를 맺음으로써 안전하다고 느낄 때에만 발휘되는 자신의 능력에 대한 믿음이다. 이는 '해피 엔드'에 대한 믿음이기도 하다. 할리우드 영화식의 허황한 해피 엔드가 아니라 자신의 창조적 힘을, 다시 말해 내면에 있는 신의 형상이 품은 잠재력을 믿기에 맞이할 해피 엔드다. 아이들은 갖가지 영적 체험을 이야기하며 자신을 표현한다. 아이들은 이야기한다. 신과 세상에 대한 이야기, 기쁨과 고난에 대한 이야기, 두려움과 그것에 맞서는 방법에 대한 이야기, 수호천사에 대한 그리움과 사랑하는 신에 대한 이야기 말이다.

아이들은 저마다 좋아하는 이야기가 있다. 노아의 방주, 예수의 탄생, 다윗과 골리앗, 카인과 아벨, 모세와 10계명 등 자기가 특별히 아끼는 이야기가 있다. 아이들은 일상생활과 직접적인 관련이 없는 이야기도 좋아한다. 늘 그런 이야기를 들려달라고 어른들에게 조르고, 자신이 들은 이야기를 친구들에게 전달하기도 한다. 그 이유는 성경의 이야기들이 갖는 정서적 밀도 때문이다. 성경에 나오는 주인공들은 실존적 도전에 맞서 주어진 임무를 수행한다.

대개 아이들은 내면에 말을 거는 이야기, 상상력을 자극하는 이야기를 좋아한다. 그런 이야기는 영적 특성을 갖는다. 그렇기에 아이들은 거듭 이야기를 해달라고 요구한다. 하지만 다른 한편으로는 이야기를 통해 접하는 내용을 하나의 도전으로 느끼기도 한다. 따라서 즐거운 마음으로 그에 맞서기 위해서는 기댈 곳이 필요하다. 불안하고 고독한 기분을 쫓아주고 안전을 약속하는 틀이 필요하다. 의식이 필요한 것이다.

성경의 이야기에는 바로 그런 의식이 담겨 있다. 성경의 이야기는 불안할 필요가 없다고 말하지 않는다. 아이의 내면 깊은 곳으로 들어가 불안해하는 마음을 진지하게 받아준다. 두려움도 삶의 일부라는 걸 가르쳐주고, 나아가 그 두려움에 대처할 수 있다는 걸 말해준다. 성경의 주인공들은 격렬한 감정에 어떻게 대응할지 보여준다. 도망치지 않고, 신중하고 사려 깊게 그 격렬한 감정에 다가가는 법을 알려주는 것이다. 그 과정에서 창의성을 발휘하기도 하고, 직관을 따르기도 하며, 행운에 기대기도 한다. 또한 두려움을 이겨내는 순간이 얼마나 즐거운지, 얼마나 큰 해방감을 주는지도 분명히 보여준다.

아이들은 본능적으로 알고 있다. 도전 없는 삶이 얼마나 따분한지, 매일 똑같은 일상을 살아가는 게 얼마나 지겨운지, 나아가 그런 삶이 독립심과 개성의 발달에 얼마나 해가 되는지를 말이다.

아이들은 냉철한 비판가다. 이야기가 자신에게 맞지 않으면 관심을 돌려버린다. 억지로 교육적 메시지를 주입하려 하면 금세 알아차리고 고개를 돌린다. 이야기에서 지금 자신에게 필요한 양분만 골라낼 줄 안다. 한마디로 이야기의 핵심을 정확하게 포착하는 것이다. 그러므로 아이들에게는 장황하게 설명할 필요가 없다. 어른들은 본질을 이해했는지 확인하기 위해 설명하기를 원한다. 하지만 아이들은 그렇지 않다. 느낌으로 깨닫는다. 그러므로 아이가 딴청을 부리며 이야기를 듣지 않더라도 존중해주어야 한다. 자발적으로 이야기에 관심을 느끼고 공감이 갈 때, 이야기를 대하는 자신의 방식이 존중받을 때에만 아이들은 이야기의 주인공과 더불어 모험을 떠나게 된다.

내면의 힘을
성장시키는 이야기

2000년 전이건 지금 이 순간이건 10년 후이건, 이 세상 모든 사람에게는 공통점이 있다고 가정해보자. 또 그것이 단지 신체적 특성이 아니라 마음속에 있는 것이며 영혼에 관한 것이라고 가정해보

자. 그렇다면 얼마나 엄청난 힘을 지니고 있겠는가! 그것이 성경을 포함한 모든 이야기가 지닌 마법의 비밀이다.

이야기의 마법은 어디에서 오는 걸까? 그것은 연속성을 가진 사건들과 끊임없이 등장하는 매력적인 인물들에게서 온다. 이를 '주인공의 여행'이라는 개념으로 요약할 수 있겠다. '여행'은 이 세상 모든 민족의 전설이나 이야기를 이루는 근본 원칙이다. 그 원칙은 조지프 캠벨이 신화와 상징에 대한 연구서에서 발전시킨 개념에 기초하고 있다. 그는 융의 원형이론을 차용했는데, 원형은 소망·꿈·동경으로 표현되는 내면의 이미지들이다.

여행은 주인공이 거쳐 가는 정거장의 연속으로 이해할 수 있다. 그 과정에서 주인공은 고통을 참으며 싸워 나가고, 마침내 성숙하고 정화된 모습으로 다시 출발점에 돌아오거나 새로운 모험을 찾아 길을 떠난다. 여행은 주인공이 익숙한 환경을 떠나 낯선 세계에서 모험하며 시험을 거치고, 그 과정에서 자기만의 특별한 능력으로 과제를 해결해 나가는 이야기다. 대개 임무를 마치고 돌아온 주인공은 전혀 다른 사람이 되어 있다.

주인공은 여행 과정에서 다양한 상대를 만난다. 친구뿐 아니라 적도 만난다. 이들은 주인공에게 어려움을 안겨주기도 하지만, 중요한 정보를 제공하기도 한다. 주인공의 여행을 다룬 이야기는 예측 가능한 명확한 구조를 갖는다. 먼저 주인공이 여행을 떠나야 할 계기가 제공된다. 이는 말하자면 전체 줄거리를 이끌어갈 시금석이 되는 셈이다. 그리고 이를 계기로 여행에 나선 주인공은 갖가지 장애물과 문제를 해결하며 한 걸음씩 앞으로 나아간다. 마지막에는 모든 문제가 해결되고, 주인공을 비롯해 이와 동일시되는 모든 인물이 성공을 축하한다. 이처럼 주인공의 여행은 개인의 학습 과정과 발달사를 고스란히 따라가는 구조를 지닌다.

아이들을 매혹시키는 이야기의 주인공은 심오한 감정을 다룬다. 여러 감정에 어떻게 대처하는지, 그 과정에서 얼마나 강해지는지를 보여준다. 자의식을 찾아가는 과정이다. 그러므로 그런 이야기는 아이들의 마음을 움직인다. 세 살에서 아홉 살까지 마법의 단계에 있는 아이들은 학자, 마법사, 연구가, 예술가를 섞어놓은 상태다. 한편으로는 현실의 사태가 벌어지는 과정과 배경을 잘 알고 있지만, 자신들이 알지 못하는 구멍은 갖가지 환상으로 채워 넣는다.

아이들은 영성과 맞닿아 있는 강렬한 감정을 갖고 있고, 이를 다루기 위해 자기만의 다양한 방식을 개발한다. 아이들이 부모가 지어낸 이야기에는 별 반응을 보이지 않다가도 만화영화라면 사족을 못 쓰는 데는 다 그럴 만한 이유가 있다. 아이들은 어떤 이야기가 자신의 소망과 욕망, 근심과 두려움을 진정으로 담아내고 있는지 정확히 감지한다. 부모는 혹여 아이에게 잘못된 영향을 줄까 봐 지나치게 아이들을 긴장시키는 이야기나 비현실적인 동화는 들려주지 않는다. 설사 해준다 해도 너무 잔혹하다 싶은 부분은 싹 도려내고, 상징들을 자기 나름대로 해석한 다음 들려준다. 하지만 그런 조처가 오히려 아이들을 더 혼란스럽게 만든다.

아이들은 앞에서도 여러 번 강조했듯 동화의 요소가 많은 단순하고 명확한 이야기를 좋아한다. 또 해피 엔드를 좋아한다. 아이들은 설명이나 해설을 방해로 느낀다. 궁금한 점이 있으면 부모에게 물어보겠지만 그보다는 또래 친구들과 더 많은 대화를 나눈다. 부모보다는 친구들이 더 잘 이해해주기 때문이다.

아이들은 이야기가 친숙하고 신빙성이 있어야 관심을 가진다. 이야기가 자신의 체험과 가까울수록, 개인 관심사에 가까울수록 더 흥미를 느낀다는 얘기다. 또한 아이들은 한 번 듣는 것만으로는 만족하지 않는다. 이야기를 반복해 들으면서 자기 내면의 관심사에 대한 해결책을 찾기 때문이다. 내면의 문제를 다 처리하고 다른 이야기에 마음을 빼앗길 때까지 반복해서 듣고 싶어 한다.

이야기를 들려주기 위해서는 편안한 분위기가 필요하다. 완전히 몰두하기 위해서는 자기만의 의식(儀式)을 치러야 하는 아이들도 있다. 사실 아이들의 성장과 일상에는 늘 의식이 동반된다. 젖을 먹이기 전에 씻기는 일, 잠들기 전에 동화책을 읽어주는 일, 정해진 일과를 소화하게 하는 일, 갈등이 일어났을 때 해결책을 가르치는 일, 아이가 자기 마음대로 뒹굴며 놀게 하는 일 등 모든 것이 의식이다.

창조적이고 창의적인 의식이 되려면 언제든 변화가 가능해야 한다. 물론 변화의 과정과 방식은 아이가 결정할 수 있어야 한다. 외부의 개입은 오히려 방해가 될 수 있다. 어른은 의식의 동반자에 불과

하다. 따라서 어른의 개입은 아이가 원할 때로 한정해야 한다. 아이들 가운데 상당수가 이런 의식에 부모를 비롯한 어른들을 배제시킨다. 의식이 자기만의 것이라는 점을 그런 식으로 표현하는 것이다.

의식은 강렬한 감정과 실존적 위기를 참고 견디는 데도 도움을 준다. 따라서 아이들은 불안한 상황을 파악하고 극복하기 위해 의식을 만들어낸다. 아이들이 직접 만든 의식은 세 가지 특징을 지닌다.

첫째, 일상과 구분된다. 화장이나 분장 같은 의도적 연출을 통해 일상생활과 구분한다. 특히 이런 행위를 반복함으로써 스스로에게 확신과 믿음을 준다. 이로부터 아이는 힘을 얻는다. 불안한 상황을 통제하고 있다는 느낌을 받게 되는 것이다.

둘째, 의식은 몸과 행동을 통해 유지된다. 이는 아동의 성장 과정에서 나타나는 특징이기도 한데, 매우 건강하고 환상적인 방식이다. 의식은 아이가 자신의 감각을 형상화하는 것이기도 하다. 이때 아이는 자기 자신과 의식을 전체적으로 인식한다.

셋째, 의식에는 시작과 끝이 있다. 아이는 이것을 자기만의 방식으로 실천한다. 예를 들어 일정 시간 동안 불안한 상황을 통제하고 극복할 수 있는 힘을 주는 역할로 변신하는 것이다.

의식이 형식적인 연출로 굳어버리지 않으려면 변화가 필요하다. 또한 자신감이 충분한 아이라면 굳이 그런 연출을 할 필요가 없다. 자신의 길을 걸어갈 다른 능력과 가능성을 발견했기 때문이다. 아이가 내딛는 걸음이 그 길을 만들어간다. 아이는 살아가면서 다른 문제적 상황에 직면해서도 과거 의식이 선사했던 긍정적인 힘을 떠올리게 될 것이다. 그리고 새로운 의식을 개발해 어려움에 맞서 나가게 될 것이다.

길과 샛길을 넘나드는 아이들

앞에서도 말했듯이 아이의 성장은 쉼 없이 달리는 직선 주행이 아니다. 때로 걸음을 멈추기도 하고, 뒷걸음질 치기도 하며, 샛길로 빠져 하염없이 달리기도 한다. 따라서 아이와 동행하는 부모도 함께 걸음을 멈추고, 후퇴하고, 샛길로 빠져봐야 한다.

도덕적인 인간이 된다는 건 어떤 의미에서 비도덕적인 것이 무엇인지 알아간다는 것이다. 인간 사회의 규칙과 규범을 자기 것으로 만들려면 샛길로도 빠져봐야 한다는 뜻이다. 아이들도 마찬가지다. 태어날 때부터 타인의 아픔을 공감할 줄 아는 아이는 없다. 하지만 자라면서 그런 사람이 될 수는 있다. 또 아이들은 쉬지 않고 경계를 시험한다. 경계 앞에서 놀라 발을 멈추는 아이들은 거의 없다. 아이들은 경계를 무시하고 그 너머의 땅을 정복한다. 그곳은 규칙도 경계도 계명도 없는 무한한 가능성의 땅이다. 영적 존재로서 아이들에 대해 고민한다면 이런 사실도 염두에 두어야 한다.

타인의 불행을 즐거워하는 까닭

파울이 아빠와 아침을 먹고 있다. 아빠가 신문을 보는 데 정신이 팔려 찻잔을 집어 들다 쏟고 만다. 파울은 그 '불행'의 현장을 목격했지만 아무 말도 하지 않는다. 그러다 아빠가 투덜거리자 파울의 웃음보가 터진다. 화가 난 아빠가 뭐가 우습냐며 소리를 치지만 파울은 웃음을 멈추지 않는다. 더 크게 화가 난 아빠가 말한다. "이게 웃을 일이야?" 그러자 파울은 이렇게 응수한다. "제가 그랬으면 아빠는 엄청 욕했을 걸요. 앞으로는 저도 더 조심해야겠어요." 파울의 아빠는 기가 막혀 고개를 젓는다. "어떻게 그런 말을 할 수가 있어?" 파울은 웃음을 멈추고 미소를 지으며 말한다. "웃기잖아요."

아이들이 서커스에서 어릿광대를 보고 있다. 광대가 계속 사고를 친다. 너무 큰 신발을 신고 있어 계속 넘어지고, 의자에 앉으려고 하지만 자꾸 옆으로 굴러 떨어지며, 재킷을 입으려고 하는데 자꾸 다른 구멍에 팔을 집어넣는다. 아이들이 광대의 어수룩한 행동에 배를 잡고 웃는다. 그때 일곱 살 난 그레고르가 말한다. "정말 멍청해. 그래도 너무 웃겨." 그리고 잠시 후 활짝 웃으며 말한다. "나도 자주 그래."

세 아이를 키우는 가브리엘 슈나이더는 큰아이가 안 좋은 일을 당할 때마다 둘째와 셋째가 어찌나 좋아하는지 걱정스럽다고 말한다. 최근에는 큰아이가 자기가 좋아하는 바지에 코코아 잔을 떨어뜨렸다. 그때 두 녀석이 얼마나 고소해하는지 누가 봐도 알 수 있을 지경이었다고 한다. 물론 큰아이가 착한 형은 아니다. 늘 동생들을 부려먹고 대장질을 하려 하기 때문이다. 하지만 가브리엘은 어떻게 어린 녀석들이 벌써부터 남의 불행을 그토록 좋아할 수 있는지 걱정이다.

아이들은 잘 웃는다. 아주 소소한 일에도 웃음보를 터트린다. 아이들이 하루 평균 300번을 웃는다면 어른들은 고작 20번밖에 웃지 않는다는 통계도 있다. 어린 시절 자기 몸과 같았던 웃음과 유머가 나이 들면서 점점 사라진다는 얘기다.

하지만 웃음이라고 다 같은 웃음이 아니고, 기쁨이라고 다 같은 기쁨이 아니다. 아이들은 창의적이고 호기심이 많으며 무정부적이다. 따라서 경계를 넘나드는 유머, 금기를 건드리는 유머, 규칙에 저항하는 유머를 좋아한다. 아이들은 일상의 작은 문제에도 웃음을 터트린다. 익숙하지 않은 일이 일어나고, 미숙한 행동이 규칙을 뒤엎을 때 즐거움을 느낀다. 파울은 아버지의 부주의한 행동 때문에 자기가 저질렀을 법한 일이 일어난 게 재미있다.

아이들은 또 어릿광대가 하는 미숙하고 서툰 행동을 보면 웃는다. 물론 그러자면 심각한 일이 발생하지 않을 거라는 확신이 들어야 한다. 즉 자기 자신은 물론이고 광대에게도 나쁜 일이 일어나지 않을 거라는 믿음이 있어야 한다는 것이다. 어릿광대의 미숙한 행동을 보며 깔깔대며 웃는 순간 아이들은 우월감을 느낀다. 웃음을 통해 상대와 연대감을 느끼는 동시에 상대를 멸시하는 것이다. 물론 아이들이 어릿광대를 보며 웃는 건 자신과 그를 동일시하기 때문이기도 하다. 그를 조소하는 것이 아니라 그의 행동에 공감하기 때문에 웃는 것이다.

그리고 세 아이를 키우는 가브리엘의 사례처럼 자기보다 힘센 사람에게 나쁜 일이 일어났을 때 터지는 웃음, 그의 불행을 고소해하는 웃음이 있다. 하지만 이 역시 자연스러운 감정이다. 이때 약한 쪽은 강한 쪽을 조소하며 잠시나마 마음의 부담을 내려놓고 상대를 멸시할 수 있다. 또한 조소를 받은 상대는 잠시 권력을 상실했다고 느낀다. 상대의 불행을 고소해하는 웃음은 열등감과 무력감에서 비롯된다. 늘 상대를 끌어내리고 싶어 하지만 현실을 바꾸기는 어렵기 때문이다.

웃음은 현실을 뒤흔들고, 스트레스를 해소하고, 실망과 갈등에 대처할 수 있게 해준다. 아이들이 잘 웃는 까닭도 여기에 있다. 그 때문에 아이들은 잘 웃고, 유머 있는 부모를 사랑한다. 유머에는 위로와 공감의 기능도 있다. 그렇기에 페스탈로치는 아이와 함께 하루 세 번 웃으라고 충고한 바 있다.

허풍, 거짓말, 핑계

여섯 살 니클라스가 간식을 먹고 있다. 과일 접시 옆에 오렌지 주스 잔이 놓여 있다. 니클라스는 엄마가 설거지를 하고 있는 부엌을 멍하니 바라본다. 아무것도 하지 않아도 되는 여유로운 순간을 즐기고 있는 것이다. 그때 엄마가 소리친다. "니클라스, 뭐하니? 어서 먹어." 니클라스가 깜짝 놀라 과일을 집으려다가 그만 주스 잔을 툭 건드린다. 오렌지 주스가 식탁에 쏟아진다. 그러자 엄마가 날카롭게 소리친다. "조심해야지." 니클라스가 어쩔 줄 몰라 하며 이렇게 말한다. "내가 안 그랬어." 엄마는 그런 아이를 보며 거짓말하면 안 된다고 타이르지만, 아이는 거짓말이 아니라며 자기가 안 그랬다는 말만 반복한다. 그러자 엄마는 "그럼 누가 그랬어?" 하고 묻는다. 니클라스가 고개를 가로저으며 대답한다. "몰라. 하지만 내가 안 그랬어."

도로테아가 친구랑 놀이터에 가서 모래로 케이크를 만들기로 한다. 이를 위해 케이크를 굽는 데 쓰는 진짜 철판을 부엌에서 가져온다. 오후 내내 모래밭에서 케이크 굽기 놀이를 한 도로테아는 신이 나서 집으로 돌아온다. 엄마가 도로테아에게 부엌에서 철판을 꺼내 갔냐고 묻는다. 도로테아가 고개를 가로젓자 엄마가 화난 목소리로 다시 묻는다. "분명히 부엌 서랍에 있었어." "난 안 그랬어." 도로테아는 아주 편안한 목소리로 대답한다. 전혀 죄의식이 없다. 말이 오가는 사이 목소리는 점점 높아지고, 참을 수 없게 된 엄마는 놀이터로 달려가 철판을 찾아내 집으로 돌아온다. "이건 뭐야? 어디서 거짓말이야?" 엄마가 호통을 친다. "까먹었어." 도로테아가 기어드는 목소리로 대답한다. "까먹어? 미쳤니?" 엄마는 어이가 없다.

네 살 난 파트릭은 방을 엉망진창으로 만든다. 파트릭의 아버지는 한숨을 쉬며 말한다. "완전히 폭탄을 맞았어요. 그런데 그보다 더 나쁜 건 자기가 안 그랬고 거짓말을 하는 겁니다. 푸무클이 놀러 와서 그랬다고 우기지 뭐예요." 푸무클은 어린이 애니메이션의 주인공이다. 파트릭의 아버지는 아무리 야단을 쳐도 푸무클이 그랬다고 우긴다며 어이없어한다.

이 사례들은 네 살에서 여덟 살까지 아이들이 거짓말을 하고 핑계를 둘러대는 여러 상황을 보여준다. 니클라스가 거짓말을 한 까닭은 엄마의 질책이 두려웠기 때문일 것이다. 즉 가장 가까운 사람의 부적절한 반응이 겁났던 것이다. 아이들은 작은 실수가 초래할 결과를 실제보다 과대평가하는 경우가 많다. 그래서 자기 잘못을 인정하지 않고 거짓말을 하며 도망치는 것이다.

도로테아는 구멍 난 기억이 문제가 됐을 것이다. 못 믿겠지만 아이들은 건망증이 심하다. 또 하루에 많은 일이 일어난 경우, 각각의 사건을 구분해 기억하지 못한다. 그날 오후 도로테아에게는 많은 일이 있었다. 친구들과 갖가지 신 나는 놀이를 하며 재미난 시간을 보냈다. 그에 비하면 케이크 철판쯤은 잊어도 될 만한 일이다.

파트릭은 자기 인격 중에서 부정적인 부분을 모두 푸무클에게 전가한다. 해서는 안 될 행동을 푸무클에게 미루어버림으로써 자신은 '얌전하고 착한 아이'가 되는 것이다. 푸무클은 눈에 보이지 않는 친구다. 더 놀랄 일은 여섯 살이 되자 파트릭이 방을 깨끗하게 치우기 시작했다는 것이다. 부모가 왜 청소를 했느냐고 묻자 아이는 당당하게 대답했다. 푸무클에게 "네가 방을 어지르면 화낼 거야. 방을 치우든가 당장 내 방에서 나가든가 둘 중 하나를 선택해!"라고 말했다는 것이다. 그랬더니 푸무클이 다시는 오지 않는다고 한다.

이 사례들은 거짓말이라고 해서 다 같은 거짓말이 아니며, 따라서 똑같이 평가하고 취급해서는 안 된다는 점을 보여준다. 때로는 '핑계'나 '허풍' 같은 말보다 '거짓말'이라는 표현이 더 정확하고 적절할 때가 있다. 특히 발달심리학적으로 보면 더욱 그렇다.

네 살에서 여덟 살은 환상과 진실이 뒤섞이는 마법의 시기다. 그래서 상상과 현실을 구분하지 못할 때가 많다. 거짓말을 꾸미고 눈에 보이지 않는 친구를 상상해낸다. 하지만 '나쁜' 의도가 있어서가 아니라 지극히 주관적인 자기만의 세상을 구축하기 때문이다. 하지만 거짓말을 너무 좋게 해석하려는 것 아니냐고 반문할 수도 있다. 맞는 말이다. 아이들도 상상과 현실을 구분해야 하고, 자신이 살고 있는 곳이 어떤 세상인지 알아야 하며, 거짓말이 습관화되어서는 안 된다.

또 아이들은 자신을 보호하기 위해 거짓말을 하는 경우도 있다. 거짓말이 나쁘다는 걸 알면서도 거짓말을 할 수밖에 없는 것이다. 아이가 의도적으로 거짓말을 할 때는 비도덕적이기 때문이 아니라 달리 행동할 대안이 없다고 생각하기 때문이다. 즉 진실보다 거짓이 문제를 빨리 해결해줄 거라고 믿기 때문이다.

'마법의 시기'가 끝날 무렵의 아이가 의도적으로 거짓말을 한다면, 거기에는 부모와 자식 간의 갈등이 숨겨져 있다. 아이는 부모의 기대에 부응하지 못해 사랑을 잃을까 봐 두려워 거짓말로 상황을 모면하고자 한다. 하지만 거짓말을 하면 벌을 주겠다고 협박하는 것은 최악의 대처법이다. 이는 의도적인 거짓말뿐 아니라 단순한 허풍이나 과장의 경우에도 마찬가지다. 체벌을 하겠다고 하면, 스스로 거짓말과 경계를 그으려 하기보다는 들키지 않기 위해 더 교묘한 거짓말을 생각해내기 때문이다. 아이의 거짓말과 허풍을 바로잡는 일은 매우 섬세한 감각이 필요한 어려운 일이다. 아이가 상상과 현실을 뒤섞어 거짓말을 하더라도 너무 고민하지 말고 한번 이렇게 해보자.

첫째, 평소처럼 차분한 목소리로 거짓말을 지적하라. 혼내는 것이 아니라 아이에게 도덕적 관점을 가르치고 있는 것임을 명심하라.

둘째, 벌을 주거나 다른 사람 앞에서 수치심을 주지 마라. 아이와 단둘이 앉아 가치관과 규범을 설명하는 게 좋다. 흥분해서 질책하는 것보다 아이의 도덕심 발달에 훨씬 도움이 될 것이다.

셋째, 모범을 보여라. 부모 스스로 핑계를 대지 말고, 아이에게 거짓말하도록 시키지 마라. 예를 들어 귀찮은 전화가 왔다고 해서 아이에게 "엄마 없다고 해"라고 시키지 마라.

넷째, 진실해진다는 건 아주 느리게 형성되는 도덕적 행위임을 잊지 마라. 이를 익히기 위해서는 허풍이나 거짓말이 가진 매력에 꾸준히 저항해야 한다.

아이의 도둑질에 담긴 의미

여섯 살 난 딸을 둔 마야 루돌프는 최근 깜짝 놀랄 일을 경험했다. 딸아이 방에서 유치원에서 쓰는 블록 두 개를 발견한 것이다. 하지만 아이는 그게 왜 여기 있는지 모르겠다며 잡아뗐다. 여섯 살밖에 안 된 딸이 남의 물건에 손을 댔다고 생각하니 너무 혼란스러웠다.

헤르베르트 슈라더는 더 난감한 일을 겪었다. 여덟 살 난 아들 니클라스가 아빠 지갑에 손을 댄 것이다. 처음에는 아들이 도둑질을 했다는 사실을 도저히 믿을 수가 없었다. 지갑에서 비는 돈의 액수가 점점 커져 이상하다 싶었는데, 우연히 아이 방에 갔다가 돈을 발견한 것이다. 하지만 잘 보이지 않게 레고로 덮어놓았을 뿐 하나도 쓰지는 않았다. 아빠는 그저 씁쓸할 뿐이었다.

야스민은 일곱 살이다. 며칠 전 엄마는 야스민의 방에 들어갔다가 책상에서 작은 목걸이와 팔찌를 발견했다. 어디서 났는지 묻자 아이는 지나가는 말투로 친구 로사가 주었다고 대답했다. 하지만 두 시간 후 로사의 엄마에게서 전화가 왔다. 로사가 목걸이와 팔찌를 잃어버렸는데, 혹시 야스민이 자기 것으로 착각해서 들고 가지 않았냐는 것이었다.

아이들이 '도벽'을 보일 때 부모는 충격을 받는다. 그리고 단순히 자기 물건이 아닌 것을 들고 올 때도 놀라며 의심스러워한다. 그럴 때마다 부모는 어찌해야 할지 몰라 당황한다. 이성을 잃고 감정적으로 행동하는 경우도 드물지 않다. 상상도 못했던 일이니 아이에게 무척 실망스럽고, 아이가 나중에 커서 나쁜 짓을 저지르는 것은 아닐까 불안감이 밀려온다.

부모의 반응은 충분히 이해가 된다. 하지만 일단은 감정을 추스르고 평상심을 회복하는 것이 중요하다. 아마 이 말이 큰 위안이 될 것이다. 즉, 네 살에서 아홉 살까지 아이들에게서 남의 물건에 손을 대는 행위는 자연스러운 일이라는 것이다. 이런 행동도 때가 되면 거짓말처럼 사라진다. 아이들은 도둑질의 경계를 시험한다. 허용되는 것과 허용되지 않는 것을 알고 싶은 것이다. 하지만 그러자면 본보기가 되는 성인이 필요하다. 본보기가 된다는 것은 아이를 성장 단계와 연령에 따라 이해하고, 아이의 입장에서 생각하며, 아이의 시각을 받아들인다는 의미이다. 그리고 경계를 넘나드는 아이의 모든 행동을 믿음을 갖고 수용한다는 의미이기도 하다.

도둑질은 당연히 경계를 넘는 행위이다. 아이의 성장 과정에서 보면 엇길이고 샛길이다. 하지만 샛길은 반드시 필요하다.

도둑질에도 여러 종류가 있다. 야스민은 의도적으로 경계를 넘은 경우다. 무슨 일이 일어나는지 보고 싶은 것이다. 혹은 별 생각 없이 눈에 보이는 물건을 집어 오는 경우도 있다. 냉장고를 열어 먹고 싶은 음식을 꺼내는 것과 같다. 이를테면 놀이터에서 놀다가 마음에 드는 물건이 눈에 띄어 그냥 들고 집에 오는 식이다. 나쁜 의도도, 죄의식도 없는 행위다. 부모에게 반항하거나 관심을 끌기 위해 도둑질하는 아이도 있다. 니클라스의 경우가 그랬다. 사실 니클라스는 동생이 태어난 다음 자신이 뒷전으로 밀린다는 생각이 들자 아빠의 관심을 끌기 위해 돈을 훔친 것이다. 말도 안 되는 소리 같지만 사실이다.

아이가 훔친 물건이 무엇인지를 살피는 것도 중요하다. 훔친 물건이 자신에게 결핍된 관심의 상징이거나 대체물인 경우가 많기 때문이다. 심지어 상대가 알아차릴 수 있도록 눈앞에서 훔치거나 훔친 물건을 누구나 볼 수 있는 곳에 놓아두는 경우도 있다. 도둑질을 노골적으로 암시하는 것이다.

도둑질 역시 다 같은 도둑질이 아니며, '꼬마 도둑'이 훗날 모조리 범죄자가 되는 것도 아니다. 경계를 넘어서는 아이의 행동에는 우리가 해석해야 할 메시지가 담겨 있다. 벌이나 협박은 도움이 되지 않는다. 부모 자식 관계를 악화시킬 뿐이고, 심할 경우 아이의 반항심만 강화시킬 수 있다. 수치심을 느낀 아이는 더 나쁜 행동을 하게 되어 있다.

그렇다고 해서 남의 물건에 손을 대는 행위를 전혀 문제 삼지 말라는 뜻은 아니다. 부모가 그런 태도를 보이면 아이는 도덕이 무엇인지 배우지 못할 것이고, '내 것'과 '네 것'을 구분하지 못하게 될 것이다. 잘못을 저지른 아이에게는 자신의 행동에 대해 책임지도록 해야 한다. 우선 훔친 물건을 주인에게 되돌려주라고 시켜야 한다. 아이가 자신의 행동이 나쁜 짓이라는 사실을 모를 때에도 마찬가지다. 되돌려줄 때는 사과를 해야 한다. 하지만 이 경우에도 강요해서는 안 된다. 아이가 스스로 잘못된 행동을 했다는 사실을 깨달아야 만 사과에도 의미가 있을 것이기 때문이다.

아이와 이 문제에 대해 이야기할 때는 절대 다른 사람이 곁에 있어서는 안 된다. 그리고 대화를 통해 아이의 행동이 용인될 수 없다는 사실을 설명해야 한다. 하지만 아이가 비록 경계를 넘는 행동을 저질렀다 해도 지금 있는 그대로 부모에게 사랑받고 있다는 느낌을 주어야 한다. 이것이 영적 교육이다. 꼬마 도둑도, 아니 꼬마 도둑이야말로 기댈 곳이 필요하기 때문이다.

소망과 나눔,
길을 찾는 아이들의 등대

아이들에 관한 글이나 어른들의 대화를 보면 요즘 아이들에 대해 비관적으로 말하는 내용만 가득하다. 아이들의 머릿속에 오직 물질과 소비만이 가득 차 있어 영성이 들어설 자리는 없다는 투다. 하지만 아이들은 자신의 길을 찾는 존재다. 물론 아이들은 번쩍이는 쇼핑센터를 거부하는 금욕주의자가 아니다. 우리 아이도 장밋빛 드레스를 입은 공주 인형에 현혹당한다. 또한 유기농 당근의 자연스런 향취보다는 새빨간 케첩의 강렬한 맛을 더 좋아한다. 때로는 컴퓨터가 제공하는 멀티미디어 세상에 빠지기도 한다. 하지만 그런 사실만 보고 아이들이 물질주의에 빠졌다고 말한다면, 그건 말 그대로 아이들을 잘 몰라서 하는 얘기다. 아이들에게는 미디어 속에 등장하는 현란한 광고보다 더 강렬한 힘이 있다. 아이들은 플레이스테이션이나 레고보다 더 많은 것을 원한다. 그런 장난감들은 잠시 동안 대리 만족을 줄 수 있을 뿐이다. 아이들이 원하는 것은 무엇보다 친밀함과 인정이다. 그래야 아이 스스로도 나누어줄 수 있기 때문이다.

"큰 고래를 쓰다듬고 싶어." "난 사자 등에 올라타고 싶어." "날개가 쑥쑥 자라날 수 있으면 좋겠어." 다섯 살에서 일곱 살 사이의 아이들이 나눈 대화 중 일부다. 아이들의 소망에는 내면의 이미지가 담겨 있다. 억제되지 않은 상상의 이미지, 모든 것이 가능하고 모든 것이 허용되는 상상의 이미지가 들어 있다. 아이들의 소망은 동화 속에서나 실현될 수 있는 동경을 표현한다.

아이들은 나름의 방식으로 꿈꾼다. 각자의 꿈이 열 번째 레고 블록이나 다섯 번째 바비 인형보다 더 중요하다. 그들이 동경하는 꿈을 빼앗지 말아야 하며, 비웃거나 무시해서도 안 된다. 물론 아이들의 소망을 무조건 들어주라는 말은 아니다. 사실 가능한 일도 아니다. 때로 꿈은 꿈으로 머물 때 더 아름다운 법이다. 아이들이 한도 끝도 없는 소망을 피력할 때 부모는 어떤 것을 수용할 수 있을지 과감히 결정해야 한다. 아이들의 소망 목록이 백화점 카탈로그에 버금갈 정도로 많다면, 부모는 아무리 힘들어도 방향을 제시할 등대가 되어주어야 한다. 그래야 아이들이 무한한 가능성의 땅에서 헤매지 않고 제 갈 길을 걸어갈 수 있을 테니 말이다.

그렇다면 아이들의 그 수많은 소망 목록 중에서 어떤 것이 진짜 소망일까? 소망을 무시해서도 안 되고, 다 들어주어서도 안 된다니 너무 복잡하다고 항변하는 사람도 있을 것이다. 쉽게 말해 마음에서 우러나온 진짜 소망은 즉흥적으로 내뱉은 소망과 구분된다. 후자는 대부분 기분에 따라 나온 말이다. 진짜 소망은 대개 장기적인 요구로 표현된다. 하지만 이런 소망도 가능한 범위 안에서 들어주어야 한다. 이를테면 아이가 아프리카 초원의 사파리에 가보고 싶어 한다고 이를 쉽게 들어주기는 어렵다. 이럴 때는 동물원이 동경을 실현하는 장소가 될 수 있다. 한편 아이가 진심으로 소망할 때는 교육적 가치가 있는지 없는지 따져서는 안 된다. 중요한 것은 아이의 기준이지 교육 잡지의 추천 목록이 아니다. 부모 눈에는 못마땅하게 보일지 몰라도 화려한 플라스틱 장난감이나 바비 인형이 아이에게는 커다란 의미를 줄 수 있기 때문이다. 그럼에도 절대 사줄 수 없는 것들도 있을 것이다. 예를 들어 어떤 엄마는 아이가 자꾸 총을 사달라고 조른다며 난감해한다. 그럴 때는 왜 사줄 수 없는지 상세하게 설명하면 된다. 아이들은 워낙 창의적이라 소망이 이루어질 수 없을 때는 스스로 욕구를 해소할 방법을 찾는다.

물론 진심 어린 소망이라고 해서 다 들어줄 수는 없다. "할아버지가 다시 우리 집에 오셨으면 좋겠어요." 일곱 살 난 니클라스가 말한다. 하지만 할아버지는 돌아가셨다. 엄마가 할아버지는 하늘나라에 계시다며 좋은 말로 달래보지만 소용이 없다. "하늘나라는 너무 멀어요. 우리 집에 오셔야 해요." 어떻게 해야 할지 몰라 난감해하던 엄마는 문득 좋은 생각이 떠오른다. 할아버지가 쓰시던 털모자를 가져와 아이에게 건네준다. 모자를 본 아이의 얼굴에 웃음꽃이 피어오른다. 할아버지가 늘 그 모자를 쓰고 계셨기 때문이다. 니클라스는 모자를 써본다. 모자가 이마를 지나 눈까지 흘러내린다. 아이가 웃으며 말한다. "할아버지가 우리 집에 오셨어." 모든 소망을 들어줄 수 있는 건 아니다. 슬픔과 실망이 따를 수도 있다. 하지만 아이들은 위로와 위안만 있다면 충분히 극복해낼 수 있다.

아이의 소망을 들어줄 때 잊지 말아야 할 것이 있다. 아이들이 정말 원하는 건 자신을 있는 그대로 받아들여주는 부모라는 점이다. 아이들에게 소망을 물어보면 다양한 대답이 나온다. 그중에는 물질적인 소망도 있고 정서적인 소망도 있다. 하지만 아이는 무엇보다 부모가 감싸 안아주기를 간절히 원한다. 원하는 물건을 손에 쥐고 있다 해도 자기 방에 혼자 있는 아이는 그냥 내버려진 것이기 때문이다.

또 하나 명심해야 할 것은 아이들이 생각보다 훨씬 이타적이고 배려심이 많다는 사실이다. 특히 다섯 살에서 여섯 살 무렵 도덕심이 발달하기 시작하면서부터는 남의 입장에서 생각하는 사회적 능력도 함께 발달한다. 그래서 한 엄마는 이렇게 말한다. "유심히 관찰해보니 아이가 받기만 하는 존재는 아니더라고요. 나누는 것도, 주는 것도 얼마나 좋아하는지 몰라요. 다만 자극과 계기가 필요한 것 같아요. 그걸 우리 어른들이 마련해줘야 하는 거죠."

도덕심과 사회성은 어른들을 보고 배우는 것이다. 그래서 계기와 상황이 필요하다. 예를 들어 크리스마스나 다른 명절에 어려운 이웃을 돌아보고 함께 나누는 방법을 가르칠 수 있다. 주는 행위를 통해 받는 것만큼 큰 기쁨을 누릴 수 있음을 가르치는 것이다.

그밖에도 부모와 함께 계획하고 실행할 수 있는 많은 방법이 있다. 예를 들어 연말에 두 아이와 함께 빵을 구워 이웃집 문 앞에 놓고 온다는 엄마도 있다. 혼자 사는 노인들에게 나눔을 실천하는 것이다. 하지만 자신들이 갖다놓은 것은 밝히지 않는다고 한다. "아이들이 산타 할아버지가 된 것 같다고 아주 즐거워해요. 우리 아이들에게 대가를 바라지 않는 나눔의 경험을 가르치려는 겁니다." 또 매년 12월마다 세 아이와 함께 교회 바자회에서 물건을 판 수익금으로 어려운 가정을 돕는다는 부모도 있다. "우리 아이들은 이 일을 아주 당연하게 생각합니다. 여름부터 올해는 무엇을 만들어 팔까 고민하죠."

크리스마스 주간은 나눔과 감사를 실천하는 시기이다. 아이들도 당연히 참여하고 싶어 한다. 아이들은 이타적이며, 자신의 현재 삶에 감사할 줄 안다. 따라서 크리스마스는 구체적인 경험을 통해 도덕성과 사회성을 키울 수 있는 좋은 계기이다. 부모가 모범을 보인다면, 아이들이 이를 등대 삼아 삶의 방향을 잡아 나갈 수 있을 것이다.

아이들의
마법과 환상

아이들은 유치원이나 초등학교에서 감성적, 사회적, 지적 성장 과제를 부여받는다. 언어를 세분화해 사용하는 법을 익히고, 세상에 대한 지식을 배우며, 다양한 정보를 받아들인다. 그래서 때로는 어른인지 아이인지 구분이 안 될 정도로 똑똑하고 이성적인 모습을 보이기도 한다. 하지만 하나 잊지 말아야 할 사실이 있다. 예나 지금이나 아이들은 자기만의 마법과 환상에 사로잡혀 있으며 이를 통해 세상을 설명한다는 것이다. 아이들이 현실을 정확히 알고 있고, 다양한 사물의 배경도 이해하고 있다는 건 분명하다. 하지만 그들의 지식에는 큰 구멍이 뚫려 있고, 그것을 상상이나 환상으로 채운다.

　아이들은 이미지로 사고한다. 아이들이 만든 이미지는 그것이 괴물이건 천사건 간에 현실 못지않게 진실하다. 또한 아이들은 사물에 생명을 불어넣고, 그것에 나름의 의미와 영적인 힘을 부여한다. 따라서 장난감에 불과한 레고 블록이 네 살 아이에게는 상상의 놀이 친구가 될 수 있다. 또한 네 살 아이는 베트맨 망토만 있어도 세계를 구원할 영웅이 된 기분이 든다.

또 아이들의 상상력은 모순된다. 한편으로는 상상력을 통해 자의식과 독립심을 기를 힘을 얻지만, 다른 한편으로는 상상력 때문에 무시무시한 공포에 휩싸인다. 이를테면 그림자가 괴물이 되고, 커튼이 펄럭이는 소리나 문이 삐거덕거리는 소리는 괴물이 침입하는 신호가 된다.

하지만 아이가 환상적 사고를 하는 까닭은 너무 비현실적이어서가 아니다. 특정 연령대에 나타나는 정상적인 인식 형태일 뿐이다. 아이들은 이를 통해 주변 세계를 창의적으로 이해한다. 아이들에게는 자신만의 언어가 있다. 환상과 비밀로 가득 찬, 놀라움과 경탄을 불러일으키는 언어다. 어른들은 결코 이해하지 못한다. 하지만 어른들도 아이들에게서 영감을 얻어야 한다. 그들이 지닌 창조성을 활용해야 한다. 아이들이 자신만의 이미지와 상징을 이용해 길을 떠날 때 동행해야 하기 때문이다.

아이들이 상징을 대하는 태도는 두 가지 상반된 측면을 보인다. 한편으로는 매력적으로 느낀다. 예를 들어 아이들은 자연의 힘을 놀이로 연출한다. 천둥번개가 칠 때 엄마 품에 안겨 관찰하고는 이내 큰 소리로 천둥소리를 따라 한다. 하지만 다른 한편으로는 두려움을 느낀다. 자신의 상상력과 마법으로는 그 힘을 제압할 수 없을지 모른다고 겁내는 것이다.

강렬한
감정의 경험

아이들은 자신이 두려움에 어떻게 맞섰는지, 두려움을 이겨낸 후 얼마나 자신감이 커졌는지 이야기하기를 좋아한다. 물론 이는 모든 두려움에 해당하는 것이 아니다. 아이들이 각 성장 단계에서 겪는 두려움을 말한다. 성장 단계마다 나타났다가 사라지는, 그러다가 다시 다른 옷을 입고 나타나는 두려움 말이다. 따라서 아이들을 두려움으로부터 보호해서는 안 된다. 무서워할 필요 없다는 말을 해주는 건 아이들을 방치하는 것과 다름없다. 아이들은 어떻게 두려움에 맞설 수 있는지 알고 싶어 한다. 두려움은 도전이다. 그리고 아이는 그 도전을 극복해내야 한다. 매 단계마다 만나는 두려움은 또 하나의 극복 방법을 탄생시킨다.

아이와 더불어 산다는 것은 아이에게서 배운다는 의미이다. 또한 두려움에 직면한 아이와 동행한다는 건 그 아이가 두려움을 어떻게 극복해내는지 지켜본다는 의미이며, 아이의 입장에서 생각해야 한다는 의미이다. 아이들을 정확히 관찰하고 그들의 풍부한 경험을 진지하게 인정할 줄 아는 어른이라면 아이들이 두려움을 극복할 때 동원하는 다양한 기술을 구분할 수 있다. 아이들은 한동안 동행하다가 사라지는 상상의 존재를 만들어내기 때문이다.

아이들은 놀이를 통해 두려움을 소화하며, 온갖 감정을 체험한다. 그래서 놀이는 심리학자 한스 출링거의 말대로 '치유력'이 있다. 아이들이 혼란스럽고 불확실한 경험에 질서를 부여하기 위해 만드는 의식도 비슷한 능력을 지니고 있다. 아이들은 의식을 통해 마치 마법의 도움이라도 받은 것처럼 불안한 상황을 이겨낸다.

두려움만큼이나 강렬한 감정인 공격성도 아이들이 극복해내야 할 과제다. 공격성은 이중적 특성을 지닌다. 한쪽 측면에는 적극적으로 생명을 보존하려는 건강한 특성이 있고, 다른 한쪽 측면에는 경계를 넘는 도발적이고 파괴적인 특성이 있다. 이러한 특성은 젖먹이 시절부터 사춘기까지 유지된다. 따라서 공격성 교육(공격성을 소화하는 방법을 가르치는 교육)은 일찍부터 시작해야 하며 중간에 그만두어서는 안 된다. 공격성 교육이란 아이들을 관찰하고 각 성장 단계에 맞게 공격성을 표현할 경계를 정해주는 것이다.

좀 더 어린 아기들은 어떨까? 젖먹이는 다양한 반사 반응을 보인다. 예를 들어 무슨 물건이든지 손에 쥐고 입으로 가져간다. 이러한 반응은 아기의 신체적·정신적 생존을 보장한다. 배꼽에서 탯줄이 떨어지는 순간부터 독자적인 생존 투쟁이 시작되기 때문이다. 젖먹이가 입으로 빠는 행위를 통해 두려움과 외로움을 극복한다면, 조금 더 자란 아기는 손으로 무조건 잡는 행위를 통해 세상으로 나아간다. 좀 더 정확히 말하면 잡거나 밀쳐낸다. 그러면서 거리를 만들고 경계를 시험하는 것이다. 이 단계에서 아기는 '붙잡아줘' '놔' '붙잡지 마'와 같은 분명한 의사를 몸짓으로 전달한다. 의존과 자립의 극단적 반응은 중간 단계를 생략한 채 느닷없이 나타나는 경우가 많다.

젖먹이가 빠는 행동은 음식을 섭취해 성장에 필요한 영양소를 공급하는 데 필수적인 행위이다. 하지만 조금 더 자라 이빨 달린 '꼬마 상어'가 되는 순간, 이 행위는 타인의 고통을 유발하게 된다. 이 시기에 다른 아이의 팔다리를 물어 이빨 자국을 남기는 일이 잦아지면, 아이는 순식간에 악동으로 소문이 난다. 그 아이가 놀이터에만 나타나도 주변에서 수군대는 소리가 요란해진다. 부모는 아이의 그런 행동에 불안해하고 당황하며 어찌할 바를 모른 채 속만 태운다. 자신과 아이에게 화가 나는 것은 물론이고 심지어 다른 아이들과 엄마들에게까지 화가 난다. 하지만 아이가 무는 것은 의도적인 공격 행위가 아니다. 다만 자신의 감정 상태를 표현하는 것뿐이다. 이를테면 '싫어!' '놔!' '안 한다니까!' '그러지 마!' '내 거야!'라고 표현하는 셈이다. 단지 경계를 긋는 행위일 뿐인데 공교롭게도 통증을 유발하는 것이다. 따라서 아이가 말의 힘을 깨닫는 네 살 무렵이 되면 그런 행동은 대부분 사라진다. 굳이 물지 않아도 말로 경계를 정하고 지킬 수 있다는 것을 경험으로 배우게 되기 때문이다.

그러므로 아이가 남을 문다고 해서 말이나 행동으로 훈육하는 것은 좋은 방법이 아니다. 아이는 대부분 반사적으로 물기 때문에 이성적으로 조종할 수 있는 사안이 아니다. 주의를 주고 야단을 치기보다는 아이에게 대신 물 수 있는 천 조각을 건네는 편이 훨씬 효과

적이다. 그러면 자신의 공격적인 부분까지 부모에게 인정받는다는 느낌을 줄 수 있으며, 동시에 공격성을 다른 아이들에게 해가 되지 않는 쪽으로 돌릴 수 있다. 다시 말해 아이에게 이런 메시지를 전달할 수 있는 것이다. "공격성을 느껴도 돼. 그래도 난 널 수용할 거야. 하지만 다른 사람에게 피해가 가지 않는 만큼만 공격성을 발휘할 수 있어."

공격성은 사춘기가 될 때까지 지속된다. 공격성이 아이의 등을 밀어주는 추동 에너지이기 때문이다. 따라서 아이의 공격성을 억지로 잠재우면 호기심, 발전 가능성, 배움의 의지가 함께 사라진다. 아이들은 새로운 것을 탐구하며 시험해보고 싶어 한다. 그러자면 경계와 규칙을 넘나들 수 있어야 한다. 그러므로 아이와 동행하는 사람은 끊임없이 공격성과 맞닥뜨려야 한다. 거기에는 버둥거리고, 물고, 때리고, 울고, 소리치고, 협박하는 등 온갖 종류의 물리적·심리적 공격이 포함되어 있다.

아이의 공격성과 직면할 때 이해와 용인을 혼동해서는 안 된다. 우리 아이 때문에 다른 사람이 피해를 입는다면, 아이의 연령과 상황에 맞게 대응해야 한다. 세 살짜리 아이에게는 확실하게 "안 돼!"라고 말하는 것으로 족하지만, 여섯 살짜리 아이에게는 "안 돼!"라는 말과 함께 왜 그런 행동을 용인할 수 없는지를 덧붙여줘야 한다. 공격성 교육은 일찍 시작하는 것이 좋다. 그래야 공격성의 건강하고 창조적인 측면을 지원하면서 파괴적인 부분을 제한할 수 있다.

또한 그래야만 아이가 자신과 타인을 존중할 줄 아는 아이로 자랄 수 있다. 그리고 그것 역시 영적 교육의 일부이다.

수호천사와
눈에 보이지 않는 동행자

마태오복음 18장 10절에서 예수는 아이들에 대해 이렇게 말한다. "하늘에서 그들의 천사들이 하늘에 계신 내 아버지의 얼굴을 늘 보고 있다." 중세 교부들은 이 말을 모든 아이들에게는 태어날 때부터 수호천사가 있다는 교리로 발전시켰다. 아이들은 모두 자기 나름대로 수호천사를 상상한다. 그들에게는 혼자가 아니라는 믿음이 매우 중요하기 때문이다.

이와 관련한 경험담이 있다. 언젠가 나는 천사에 관한 강연을 끝낸 후 열한 살 난 여자아이와 이런 대화를 나누었다. "정말 수호천사가 저를 떠나지 않을 거라고 믿으세요?" "물론이지, 믿는단다." "내가 화를 내도요?" "그럼, 천사는 인내심이 강하거든." 그래도 아이는 안심하지 못했다. "내가 자꾸 화를 내도 떠나지 않나요?" 나는 아이에게 수호천사는 절대로 떠나지 않는다고 거듭 확인해주었다. 그러자 아이는 안심하고 집으로 돌아갔다. 분명 부모나 주변에서 좋지 않은 말을 들었을 것이다. 이를테면 "넌 안 돼, 넌 나쁜 아이야" 하는 식이었을 것이다. 이런 말은 아이를 견딜 수 없이 불안하게 만든다. 그래서 아이는 모두가 자신을 버려도 천사는 무조건 자신을 받아줄 거라는 확신이 필요했던 것이다. 늘 곁에 있어주는 천사의 이미지가 아이에게 용기를 준 셈이다.

한번은 아이와 단둘이 사는 엄마가 이렇게 물은 적이 있다. "우리 딸은 여섯 살인데 수호천사를 너무 구체적으로 믿어요. 이를테면 외출했다 들어올 때 문을 빨리 닫지 못하게 해요. 수호천사가 들어올 때까지 기다려야 한다고요. 밥을 먹을 때도 옆에는 아무도 못 앉게 합니다. 수호천사가 앉을 자리라는 거죠. 이게 정상일까요?" 이 아이에게는 집에 엄마와 단둘이 있는 게 아니라는, 그래서 엄마의 기분에 속수무책으로 당하지 않아도 된다는 믿음이 아주 중요하다. 천사가 아이에게 품위를 선사하고, 아이를 보호해주며, 엄마의 불만과 신경질을 막아주는 역할을 하는 것이다. 밥을 먹을 때도 천사는 식사에 안전함과 품위를 선사한다.

프랑스의 한 아동심리학자는 어릴 적 침대에 누울 때 항상 반쪽만 사용했다고 한다. 나머지 반쪽은 천사를 위해 비워두었다는 것이다. 이는 그녀에게 큰 위안이 되었다. 당시 그녀는 부모가 자신에 대해 만족해하지 않는다는 느낌으로 잠자리에 들 때가 많았다. 그러다 보니 스스로에게도 늘 불만족스러웠다. 하지만 천사가 옆에서 함께 잠잔다면, 자신이 문제 있는 아이가 아니라는 뜻이 된다. 그러니 천사가 밤새도록 곁에 있어준다는 상상이 얼마나 큰 위안을 주었겠는가! 그녀는 마음속으로 천사와 이야기를 나누면서 점점 자신을 좋아하게 되었다고 한다. 하루 동안 부모에게 들은 훈계와 질책을 천사와 나눈 따뜻한 대화를 통해 상쇄시킨 것이다. 그리고 비로소 자신이 사랑받고 있으며 보호받고 있다고 느끼게 되었다.

아이들은 항상 자문한다. '누가 나를 보호해줄까?' 수호천사는 혼자서 세상의 위험에 맞서지 않아도 된다는 안도감을 선사한다. 항상 곁에서 지켜주는 수호천사가 존재하는 것이다. 하지만 너무 천사를 믿은 나머지 주의를 게을리 하게 되지는 않을까? 결론부터 말하면 그렇지 않다. 아이에게 이렇게 말해보라. "수호천사가 뭐라고 하는지 잘 들어봐. 잘 모르겠거든 수호천사한테 물어봐." 분명 아이들은 더 신중해질 것이다. 불안에 떨지 않으면서 믿음을 갖고 세상으로 나아갈 수 있을 것이다.

아이들이 상상하는 수호천사가 어떤 모습인지 알고 싶은가. 그러면 아이들에게 수호천사를 그려보라고 하라. 대개는 아주 크고 튼튼하게 그린다. 커다란 날개로 아이를 보호하고 있는 모습이다. 아이와 동행하며 위험을 경고하기도 한다. 또 사랑과 배려가 넘치는 모습이다. 수호천사가 위험한 자동차나 공격적인 남성을 막아내며 아이를 지키는 모습도 있다.

아이들은 혼자 있을 때 수호천사와 이야기를 나눈다. 때로는 물건이 수호천사 역할을 하기도 한다. 나는 조카가 공하고 이야기를 나누는 장면을 목격한 적이 있다. 아이는 공한테 자신의 기분이 어떤지, 뭘 원하는지 털어놓고 있었다. 이렇게 아이들은 수호천사에게 온갖 이야기를 한다. 아프다고 말하고, 곁에 머물러달라고 말하고, 안아달라고 말하고, 지켜달라고 말한다.

특히 잠자리에 들기 전에 많은 부탁을 한다. 밤새도록 지켜달라고, 꿈에 괴물이 나타나지 않게 해달라고, 잠든 사이 도둑이 들지 않게 해달라고 기도한다. 수호천사는 악몽을 두려워하는 아이들의 마음을 달래준다. 그리고 혼자가 아니며 누군가 곁에서 지켜주고 있다는 확신을 심어준다. 아이에게 수호천사는 사랑이 가득한 존재다.

아이들은 또 묻는다. "아이가 차에 치이거나 나쁜 일을 당했을 때 수호천사는 어디 있었나요?" 이때 수호천사에 대해 너무 안일하게 말해서는 안 된다. 수호천사가 모든 불행과 사고, 질병과 죽음을 막아주지는 못한다. 하지만 병들거나 사고를 당해도, 나아가 죽음에 이른다 해도 수호천사는 아이를 지켜준다. 인간의 가장 깊은 곳에 자리한 본성을 지켜준다. 결코 부서지지 않는 인간의 참된 영혼을 지켜준다. 천사가 날개를 펼쳐 감싸 안아주기에 아이는 보호받을 수 있고, 죽어서도 신께 이를 수 있는 것이다.

수호천사는 아이들에게만 유익한 존재가 아니다. 부모가 지고 있는 큰 짐도 덜어준다. 수호천사가 있는 한 부모가 일일이 아이를 통제하지 않아도 된다. 하루 종일 아이에게 무슨 일이 일어나지 않을까 전전긍긍하지 않아도 된다. 수호천사는 아이에 대한 걱정으로부터 부모를 해방시켜준다. 혹시 아이가 샛길로 빠져도 언젠가는 자기 길을 찾아갈 것이며, 그 길이 바른 길일 거라는 믿음을 부모에게 선사한다. 교육학이나 심리학 서적을 많이 읽은 부모들 중에는 자신이 잘하고 있는지 확신할 수 없어 불안해하는 사람이 많다. 혹시 자신이 부족해서 아이에게 해를 입히는 건 아닌지 걱정한다. 수호천사가 아이와 함께한다는 믿음은 이런 죄책감 역시 덜어줄 것이다.

시작과 끝에 대한 관념

타고르는 "발을 들었다 내려놓는 것이 걸음걸이의 일부이듯 탄생과 죽음도 삶의 일부이다"라고 말했다. 아이들은 이 사실을 본능적으로 느낀다. 그래서 아이들은 시작과 끝에 대한 질문을 많이 한다. 신은 어디에 사는지, 신은 어떻게 생겼는지, 신은 무슨 생각을 하는지 궁금해 한다. 또한 태어나기 전에 자신은 어디에 있었는지, 돌아가신 할아버지는 지금 어디에 있는지 알고 싶어 한다. 나아가 하늘나라는 어디에 있으며 어떤 모습인지 알고 싶어 한다. 이 모든 것이 다 영적인 질문들이다.

대개 부모들은 그런 질문을 받으면 당황하며 얼버무린다. 간혹 질문 자체를 무시해버리기도 한다. 어떻게 대답해야 할지 몰라서 스트레스를 받는 부모도 있다. 하지만 그런 반응을 보이면 아이들은 잘못된 질문을 했다는 느낌을 받게 되고, 다시는 비슷한 의문을 제기할 엄두를 내지 못한다. 내면에 담긴 영적 감각을 잘라버리게 되는 것이다.

부모들이 당황스러운 반응을 보이는 이유는 대부분 스스로 그런 질문을 제기해본 적이 없기 때문이다. 늘 삶의 본질과 맞닿은 질문은 억압해왔던 것이다. 다시 말해 삶에 대한 더 넓고 깊은 질문은 외면한 채 피상적인 것들에만 만족하며 살아왔던 것이다. 하지만 아이들은 어른들에게 질문을 던짐으로써 인간 실존에 관한 근본 문제를 고민해보라고 제안한다.

유치원에 다니는 연령대의 아이들은 이 질문에 대해서도 특유의 환상적 관점을 보인다. 따라서 태어나기 전에 어디에서 살았느냐고 물으면 이런 식으로 답한다. "구름 위에서 살았어요." "저 멀리 달에서 살았어요." "얼룩 나비였어요." "하늘나라에서 베드로가 절 부모님한테 보내주셨어요." 이들은 현실과 환상을 아무 문제없이 결합시킬 수 있다. 그래서 생물학적·의학적으로 옳은 대답보다는 자신이 생각하는 이미지에 부응하는 진실한 대답을 원한다.

성(性) 연구가 슈타인-힐버스는 유치원 연령대의 아이들에게서는 탄생에 대한 지식이 혼란스러운 신체 경험과 결합되는 경우가 많다고 주장한다. "따라서 네 살에서 일곱 살 사이의 아이들 중에는 아기가 남성의 성기에서 나온다고 믿는 경우도 있다. 또 남자는 배꼽으로, 여자는 가슴으로 아이를 낳는다고 생각하는 경우도 있으며, 아이를 낳을 때는 항상 의사가 여자의 배를 가른다고 믿는 경우도 있다. 나아가 항문 등 다른 기관이 출산과 연관돼 있다고 상상하는 경우도 종종 있다."

아이들은 출산, 임신, 성에 관한 질문을 던졌을 때 적절한 대답을 듣지 못하면 만족스러워질 때까지 물고 늘어진다. 이때 추상적이고 장황하게 대답하면 아이들을 진정으로 만족시키지 못한다. 아이의 수준에 맞는 구체적인 대답이 필요하다.

한 어머니가 아들이 네 살 때 있었던 일을 들려주었다. 아이가 엄마에게 와서 슬쩍 쳐다보더니 아기는 어떻게 생기는 거냐고 물었다. 그러자 엄마는 어떻게 생길 것 같으냐고 되물었다. 아이는 잠시 고민하더니 모른다고 했다. 그러고는 아주 진지한 표정으로 엄마를 쳐다보며 자기는 태어나기 전에 어디 있었냐고 물었다. 아무런 대답이 없자 갑자기 아이가 말했다. "내가 눈송이였는데 엄마, 아빠가 나를 붙잡았어." 엄마는 그동안 까맣게 잊고 있었는데 맞는 말이라고 대답했다. 그러자 아이가 버럭 화를 내며 거짓말하지 말라고 소리쳤다. 눈송이는 절대 아니라는 것이다. 자기는 7월에 태어났는데 여름에 어떻게 눈이 내리냐고 말이다. 그러고는 다시 진지한 표정으로 물었다. "눈송이가 아니었다면 뭐였을까?" 엄마는 다시 미소를 지으며 되물었다. "정말, 뭐였을까?" 그러자 아이는 즉흥적으로 달팽이였다고 말했다. 아빠가 늘 자기한테 달팽이처럼 느리다고 하기 때문이라는 것이다. 하지만 상황은 그것으로 끝나지 않았다. 아이는 다시 할아버지에게 달려가서 아기가 어떻게 생기느냐고 물었다. 할아버지는 나귀가 펄쩍 뛰다가 아기를 떨어뜨리는 거라고 말했다. 그러자 로만의 얼굴에 실망하는 기색이 역력했다. 엄마는 그 모습이 얼마나 재미있는지 웃음을 터트렸고, 아이는 화를 내며 할아버지에게 거짓말쟁이라고 소리쳤다. 자기는 높이 뛸 수 있지만 나귀는 그럴 수 없다는 것이다. 그러고는 이렇게 말했다. "그런 멍청한 나귀한테서 태어나고 싶지 않아."

아이가 그런 질문을 하면 가볍게 웃어넘기기가 쉽다. 하지만 아이의 질문에는 철학적이고 영적인 의미가 숨어 있다. '죽음'이라는 주제에서도 마찬가지다. 다섯 살 난 마리온의 이야기를 예로 들어 보자. 어느 날 엄마가 소파에 앉아 신문을 읽는데 마리온이 다가온다. 왠지 불안해 보인다. 아이는 갑자기 엄마를 툭 건드리며 자기도 죽을 수 있냐고 묻는다. "당연하지. 하지만 그렇게 빨리 죽지는 않아." 엄마가 고개를 끄덕이며 대답한다. 그러자 아이가 그 이유를 묻는다. "아직 어리잖니." 엄마의 대답에 아이가 씩 웃다가 다시 묻는다. "엄마가 나보다 먼저 죽어요?" 엄마는 가만히 웃는다. "하지만 한참 더 살 거죠?" 엄마가 고개를 끄덕이자 아이는 다시 고민에 빠진다.

이렇듯 아이들은 늘 탄생과 죽음에 대한 질문을 던진다. 이때 부모가 참고하면 좋을 몇 가지 사항을 짚어보겠다. 아이들의 시간 의식, 즉 자신이 어디에서 와서 어디로 가는지에 대한 관념은 아주 서서히 형성된다. 따라서 이 질문에 직면한 아이들은 긴장감과 불안함을 느끼며, 이와 동시에 적절한 답을 듣고자 하는 욕구가 생긴다. 관심 범위가 깊고 넓어지면서 지금까지의 지식으로는 채워지지 않는 욕구가 생기는 것이다.

시작과 끝에 대한 질문을 던지기 시작한 아이는 이제 지금까지와는 다르면서도 지금처럼 확고하고 믿을 만한 안전을 보장받길 원한다. 아이들의 질문에는 의미를 모색하고자 하는 욕구도 포함되어 있지만, 이와 동시에 기댈 곳과 하나 될 곳을 찾는 소망도 담겨 있다. 안전하다는 확신이 들어야 지금까지 몰랐던 새로운 경험에 마음을 열 수 있기 때문이다.

아이들은 진실함을 요구한다

취학 전 연령 아동이 불행한 일을 겪었다면, 그 상황에 대해 최대한 진실하게 말해주는 것이 중요하다. 그리고 더 나아가 부모가 늘 곁에서 지지하고 지원한다는 메시지를 주어야 한다. 실제로 제2차 세계대전 때 공습을 겪은 아이들 중 엄마와 함께 있었던 아이들이 그렇지 않은 아이들보다 트라우마(Trauma, 외상 후 스트레스 장애)를 덜 겪었다는 연구 결과도 있다.

죽음이라는 주제는 아이가 먼저 질문하기 전에는 언급하지 않는 것이 좋다. 외부에서 억지로 안겨준 고민은 오히려 정서적 과부하를 일으킬 수 있다. 아이가 질문할 때는 먼저 귀 기울여 경청해주고 아이가 알고 싶어 하는 것이 정확히 무엇인지 파악해야 한다.

아이가 죽음에 대해 물으며 불안해하면 다음과 같이 간결하게 답하는 것도 좋은 방법이다. "넌 아직 한참 더 살 거야. 아주 오래 오래." 또 죽은 뒤에 어떤 일이 일어나는지, 하늘나라는 어떤 곳인지 묻는다면 이렇게 되물을 수 있다. "네 생각은 어때? 어떤 곳일 것 같아?" 그러면 아이는 자신이 상상한 것을 털어놓는다. 또한 어른에게 인정받았다고 느낀다. '내 질문을 진지하게 받아주는구나! 이런 질문을 던져도 될 만큼 내가 자랐구나!' 하고 느낀다. 하지만 대개 부모들은 이 지점에서 실수를 저지른다. "넌 아직 어리니까 몰라도 돼!" 하며 아이를 무지한 존재로 취급한다. 이때 아이는 거부당했으며 혼자 버려졌다는 느낌이 든다.

대답이 불가능한 상황도 있다. 개인적으로 죽음이 매우 민감한 문제와 연관되어 있어서 적당한 대답을 찾을 수 없는 경우가 있는 것이다. 이럴 때는 자신이 느끼고 있는 부담감을 우회적으로 말해주면 된다. "지금은 말해줄 수가 없을 것 같구나. 나중에 설명해줄게." 그 정도면 충분하다. 물론 약속을 잊으면 안 된다. 약속한 대로 나중에 아이를 불러 충분히 설명해주어야 한다.

간혹 아이에게 지나치게 많은 정보를 제공하는 부모가 있다. 아직 아이가 소화할 수 없는, 아이가 원치 않는 정보를 듬뿍 안겨준다.

그러면 아이는 정서적으로 아직 준비가 되지 않은 상태에서 갖가지 이미지를 떠올린다. 따라서 아이에게 정보를 제공할 때는 아이의 나이와 맞는지 따져보아야 한다. 혹시 충분한 대답을 주지 못한 것 같은 느낌이 들면, 더 알고 싶은 게 생길 때마다 언제든 물어보라고 덧붙이면 된다. 명확한 정보를 제공하는 것도 필요하지만, 그 정보를 전달할 때의 정서적·신체적 친밀함도 중요하다. 아이들은 믿고 기댈 곳이 필요하다. 그래야 어른들의 대답을 소화할 수 있다.

아이들이 경험하는 죽음

열 살 난 클라우스는 갑자기 아빠가 죽은 후 쇼크 반응을 보였다. 계속 울면서 아무도 자기 곁에 오지 못하게 했다. 울지 않을 때는 늘 감정이 사라진 사람처럼 멍한 표정을 짓고 있었다. 하지만 학교에 가서는 별 문제가 없었다. 아무 일도 없었다는 듯 생활했다. 다만 가끔 아무 이유 없이 웃음을 터뜨렸고, 지나치게 명랑하게 굴었으며, 분주하게 이런저런 일을 벌였다.

그로부터 16개월이 지나자 아이는 아빠를 미워하기 시작했다. 아빠는 죽어 마땅한 사람이라고 고래고래 고함을 치는가 하면 왜 자기만 두고 떠난 거냐며 격렬한 감정을 표출했다. 이런 반응은 몇 주간 지속되다가 서서히 약해졌다. 그리고 아이는 다시 자기 생각에 빠져 멍한 표정이 되었다. 어느 날 아이는 엄마한테 아빠 잠옷을 입어도 되냐고 물었다. 그리고 아빠 배낭을 메고 학교에 가겠다고 했다. 그러고는 조심스럽게 아빠에 대해 이것저것 물으며 이야기해달라고 졸랐다. 때로는 아빠를 그리워하는 마음을 표현하기도 했다.
"생일날 아빠가 있다면 얼마나 좋을까!"

클라우스는 아빠의 묘지에 자주 들렀다. 엄마는 그런 아이를 보고 있노라면 혹여 아이가 아빠를 따라 죽고 싶은 것은 아닌지 걱정스러웠다. 그러던 어느 날 아이의 생일이 되었다. 아이는 아빠 무덤을 때리며 소리를 질렀다. "아빠는 우리를 버렸어. 아빠 미워. 왜 우리를 떠난 거야?" 날뛰던 아이는 무덤 위로 쓰러졌다. 격렬한 감정이 지나가자 아빠를 미화하는 단계가 찾아왔다. 아이의 방에는 아빠와 찍은 사진 다섯 장이 붙어 있었다. 아이가 붙여놓은 그대로 두어야 했다. 누가 건드리기라도 했다가는 큰일이 났다.

다음 해 생일, 아이는 아빠 사진을 몽땅 떼서 식탁에 앉아 있는 엄마에게 건넸다. "아빠 배낭이 있으니까 됐어. 또 사진도 한 장 있고." "사진이 어디 있어?" 엄마가 물었다. "여기 이 안에." 아이는 당연하다는 듯 가슴을 가리켰다.

개인이 죽음과 슬픔을 극복하는 방법은 제각각이겠지만, 대개는 단계를 거친다. 물론 순서대로 찾아오는 건 아니다. 함께 찾아올 수도 있고, 특정 단계가 반복될 수도 있다.

가장 먼저 찾아오는 것은 거부의 단계다. 아이는 누군가 죽었다는 사실을 인정하지 않으려 한다. 죽음과 대면하기를 회피하는 것이다. 이는 아이가 아직 고통을 처리하지 못했다는 증거다. 아직 그런 감정이 너무 부담스러운 것이다. 거부 방식도 다양하다. 자신이 느끼는 것과 정반대의 감정으로 반응하는 아이들도 있다. 즉 명랑하고 분주하게 움직이며 계속 일을 벌인다. 또 어떤 아이들은 작은 일에도 참지 못하고 화를 내거나 울음을 터트린다. 심한 경우에는 신체적인 이상까지 나타난다. 죽음에 대해 일체 말하지 않는 아이도 있다. 죽음이라는 단어 자체를 완전히 지워버리려는 것이다. 학습 장애나 만성 질환으로 반응하는 아이도 있고, 공격적인 행동으로 반응하는 아이도 있다. 특히 어린아이들은 잔혹한 놀이를 하거나 동물을 학대하는 방법으로 슬픔과 고통을 무마하려고 한다.

그다음은 죽은 사람을 이상화하는 단계다. 죽은 사람을 떠올리게 만드는 모든 것이 중요해진다. 온갖 물건이 그와 함께 보낸 시간의 기억을 불러일으킨다. 특히 어린아이들은 죽은 사람과 하나가 되려는 욕구를 강하게 보인다. 그의 옷을 입으려 하고, 그와 같은 직업을 갖고자 한다. 아직 정체성이 형성되지 않은 아이들의 경우, 자아 발달에 문제를 일으킬 수 있기 때문에 유의해서 지켜보아야 한다.

죽은 사람에 대한 이상화는 그에 대한 경멸과 동행하는 경우가 많다. 이별의 고통이 혼자 남겨졌다는 사실에 대한 분노와 뒤섞인다. 죽은 이에 대한 부정적인 평가는 그와 작별을 고하려는 노력의 일환이다. 하지만 이상화 단계가 너무 일찍 찾아오면 아이가 죽은 이를 놓아주지 못하는 사태가 벌어질 수 있다. 그럴 때는 죽은 이에 대한 현실적인 이미지가 필요하다. 그의 모든 측면을 다 알려주어야만 아이가 그를 놓아줄 수 있으며, 새로운 단계에서 다시 그를 향해 다가갈 수 있다. 이별이란 엄청난 에너지를 요하는, 지극히 고통스러운 과정이라는 사실을 잊지 말아야 한다. 따라서 죽음을 거부하고 죽은 사람이 살아 돌아오기를 바라는 단계를 지나 죽음을 받아들이는 단계에 이르기까지 아이에게 충분한 시간을 주어야 한다.

이 모든 과정을 거치고 나면 아이는 완전히 새로운 단계에서 죽은 사람에게 다시 다가갈 수 있다. 이제 아이는 죽은 사람과 좀 더 성숙한 관계를 맺을 수 있게 된다. 물론 슬픔이 완전히 종결된 것은 아니다. 여전히 슬픔과 고통이 남아 있다. 흉터는 지워지지 않는다. 상실을 없었던 일로 만들 수는 없다. 하지만 어른들이 먼저 모범을 보인다면 아이도 서서히 상처를 딛고 다시 일어설 수 있을 것이다.

앞에서 설명한 단계는 반드시 순서대로 진행되는 것이 아니다. 때로는 동시에 나타날 수도 있고, 또 그 기간도 사람마다 다를 수 있다. 아이들이 슬픔을 이겨내기 위해서는 지원과 지지가 필요하며, 정확한 정보가 필요하다. 하지만 객관적으로 옳은 정보보다는 아이의 성장 단계에 맞는, 아이가 소화할 수 있는 정보가 적절하다. 다른 개체의 죽음을 접한 경험이 있는 아이라면 사랑하는 사람의 죽음을 좀 더 쉽게 받아들일 수 있다. 예를 들어 자신이 키우던 고양이가 죽는 걸 본 적이 있는 아이라면 할아버지가 돌아가셨다는 소식을 좀 더 편안하게 받아들일 것이다. 또 장례식 같은 죽음의 의식을 통해 작별의 의미를 이해하게 할 수도 있다. 죽음과 관련한 놀이와 상상도 큰 도움이 된다. 아이들은 주변 사람들의 죽음에만 충격을 받는 것이 아니다. 책, 영화, 연극 등에서 연출한 죽음도 아이의 마음에 정서적 흔적을 남길 수 있다. 그것들 역시 슬픔을 극복하는 연습에 도움이 된다.

  죽음, 상실, 이별은 아이들에게 슬픔과 고통을 유발한다. 많은 부모들이 그런 무거운 감정을 안겨주기에는 아이가 너무 어리다고 생각하여 가까운 사람의 죽음을 알리지 않는다. 하지만 그런 감정이 아이들을 허약하게 만든다고 생각하여 차단하는 것은 옳지 않다. 이는 오히려 아이가 겪어야 할 아주 중요한 경험을 막는 것이다. 철학자 바흐오펜은 이렇게 말했다. "탄생과 함께 죽음의 왕국이 시작된다." 아이들도 그것을 몸으로 느낀다. 따라서 자신이 어디에서 왔느냐는 아이들의 물음에는 자기가 어디로 가게 될 것인지에 대한 물음도 포함되어 있다. 아이들은 언뜻 복잡해 보이는 문제에 매우 구체적인 방식으로 다가가는 존재다. 또한 놀이와 의식을 통해 문제를 파악하는 철학자들이다.

  슬픔은 고통과 분노와 사랑이 뒤엉킨 복잡한 감정이지만, 몇몇 사항만 유의한다면 아이들에게 건강한 경험이 될 수 있다. 아이가 안전하게 보호받는다는 느낌과 사랑을 많이 느낄수록 슬픔에 동반되는 두려움이 줄어든다. 사랑하는 사람을 잃는 슬픔을 딛고 일어서기 위해서는 기댈 곳이 있다는 안도감이 필요하다. 그래야만 아이들이 슬픔을 참고 견딜 수 있다.

또한 슬픔을 이기기 위해서는 시간이 필요하다. 아이들은 대개 특정 단계에 오래 머문다. 아이들에게 자신만의 속도를 허락해주어야 한다. 어른들의 개입은 방해가 되고 문제를 일으킬 뿐이며, 아이에게 쓸데없는 충격을 주고 공포심을 더해줄 뿐이다.

아이들은 초등학교 고학년이 될 때까지도 죽음을 여러 상징이나 상황과 연관시킨다. 그래서 죽음이라는 말을 들으면 검은 옷을 입은 남자, 어둠, 밤, 질병, 부상, 고통 등을 먼저 떠올린다. 아이들이 죽음과 슬픔, 신과 하늘에 대해 묻는 것은 지극히 정상적인 일이다. 하지만 어른들은 아이들에게 죽음의 문제를 언급하기를 꺼린다. 따라서 아이들이 갑자기 그 문제에 대해 물으면 어떻게 답해야 할지 몰라 당황하게 된다. 어른들이 죽음을 일상에서 추방시킬수록 아이들은 힘겨운 경험을 하는 자신을 혼자 버려두었다는 느낌에 사로잡힌다. 기댈 곳도 없고, 방향도 잃어버렸다고 느낀다. 죽음에 대한 아이들의 물음은 단순히 끝을 묻는 질문이 아니다. 그들의 질문에는 소망이 담겨 있다. 인생의 의미에 대해 알고 싶다는 소망 말이다.

죽음이라는 상징은 이별과 연관되어 있다. 그리고 이는 아이들의 성장을 떠받치는 근간이다. 친숙한 상황이나 사람들과의 작별 없이 성장할 수는 없다. 부모와의 이별, 가족과의 이별, 친구들과의 이별은 아이들의 실존적 체험 가운데 하나다.

아이가 자의식을 갖고 성숙한 인격체가 되려면 혼자 할 수 있다는 자신감을 가져야 하고, 부모의 도움 없이 경계 넘기의 경험을 해야 한다. 이를 위해서는 이별의 순간을 맛보아야 한다. 이별이라는 상징, 죽음이라는 상징을 포함하지 않는 삶은 완벽한 삶이 아니다. 아이들은 그 사실을 몸으로 느낀다. 아이들은 현실을 양 극단으로, 그리고 전체로 경험한다. 삶에는 죽음이 포함된다. 건강은 질병을 통해 그 무한한 가치를 얻게 되고, 행복은 슬픔을 통해 더 절실해지며, 성공의 환희는 실패를 맛보았을 때 더 극대화된다. 낮과 밤, 태양과 달이 떼려야 뗄 수 없는 관계이듯 삶과 죽음도 하나다. 죽음은 단순히 끝이 아니다.

　죽음에 대한 질문은 연령에 좌우된다. 아이는 자라면서 신체 감각을 형성한다. 점차 자기 몸의 힘을 의식하게 되는 것이다. 하지만 그럼에도 여전히 어른에 비하면 너무나 작고 연약한 존재다. 따라서 아이는 상상에 사로잡혀 괴물, 귀신, 도둑, 강도, 사나운 동물 등과 결부된 죽음의 공포를 느낀다. 그런 상징들은 이중적인 의미를 갖는다. '착한' 동물이나 귀신은 기대고 싶은 욕망과 사랑에 대한 갈망을 상징하며, '나쁜' 것들은 아이의 파괴적이고 공격적인 환상을 상징한다.

　아이들은 시간에 대한 의식 그리고 어디서 와서 어디로 가는가에 대한 의식을 서서히 형성한다. 그 과정은 긴장감과 불안감을 주지만, 다른 한편으로는 지식에 대한 욕구도 자극한다. 그러니 죽음에 대한 진술은 성숙해간다는 징표이다. 아이의 관심이 확대되어 기존의 지식과 질문으로는 충분치 않은 것이다. 변화된 현실 앞에 선 아이들은 이제 변화된 질문과 접근법이 필요하다는 사실을 알게 된다. 아이들은 새롭고 분명한 확실성을 원한다. 그들의 질문은 의미에 대한 질문이기도 하지만, 동시에 지지와 결합에 대한 요구이기도 하다.

아이들은 질문을 던지기만 하는 것이 아니라 답을 찾기 위해 끝까지 추적한다. 추상적인 경험을 이해하고 싶을 때는 더욱 그렇다. 아이들은 추상적인 경험도 감각적인 경험을 통해 이해하려 한다. 예를 들어 한 엄마는 아이가 할아버지의 죽음을 어떤 식으로 이해했는지 말해줬다. 아이는 친구들과 함께 할아버지의 시신이 누워 있는 교회에 몰래 들어갔다. 그러고는 친구들에게 할아버지가 돌아가셨다고 말했다. 그런데 친구들이 아이에게 할아버지가 돌아가셨다는 걸 어떻게 알 수 있냐고 물었다. 그러자 아이는 좋은 생각을 떠올리고는 이렇게 말했다. "할아버지의 신발을 벗기고 발을 간질이는 거야. 할아버지가 웃으면 그냥 주무시는 거고 가만히 계시면 돌아가신 거야." 할아버지는 늘 간지럼을 무척 탔다는 것이다.

아이들은 지혜의 스승이다

타고르는 말했다. "모든 아이는 신이 아직 인간에 대한 관심을 잃지 않았다는 것을 보여준다." 부모가 아이를 위해 일방적으로 희생해야 한다고 오해한다면, 교육은 힘겨운 의무에 지나지 않게 된다. 하지만 아이가 인생길에 동행하는 스승이라고 생각한다면, 교육은 행복을 가져다주는 영적 차원을 띠게 된다.

하지만 일상에 지친 엄마들은 이 말에 동의하지 않는다. 아침부터 밤까지 아이들 뒤치다꺼리를 하느라 지쳐 잠들기 일쑤인데 영적 차원 운운하는 건 사치라는 것이다. 또 어떤 아빠는 아이들에 대해 철학자라느니 천사라느니 미화하는 건 너무 낭만적인 발상이라고 주장한다. 사고뭉치 아이들을 교육시키다 보면 온갖 스트레스에 시달릴 뿐이라는 것이다.

물론 아이를 키우는 일은 스트레스와 긴장과 실망의 연속이다. 아이의 정신세계는 갈피를 잡을 수가 없고, 아이의 방은 늘 난장판이기 때문이다. 그런 일상에 '영적인 것'이 침투할 자리가 어디 있겠는가. 하지만 바로 그런 상황에 대처하는 법을 가르쳐주는 것이야말로 교육이 우리에게 주는 선물이다. 아이들에게는 실망에 대처하는 것 또한 중요한 일이다. 아이들은 어찌할 바를 모르겠다는 표정으로 서 있는 부모를 충분히 이해한다. 그럴 때 아이들은 '엄마, 아빠도 나와 같구나' 하는 기분이 든다. 하지만 아이들은 실망하거나 화나는 순간에도 숙제를 해야 하고, 잠자야 하며, 유치원이나 학교에 가야 한다는 걸 잘 안다. 어떤 상황에서도 삶은 계속된다는 영적 지혜를 알고 있다. 아이는 아무리 좋지 않은 상황에서도 자신의 힘과 에너지를 믿기에 어떻게든 살아갈 것이라는 진리를 몸으로 느끼는 것이다.

실망은 삶의 일부이다. 실망은 자신에게 맞서라는 도전장이다. 실망스런 일에 직면했을 때 화내는 것은 좋지만 절망에 빠져서는 안 된다. 실망을 극복해내면 앞으로 또 그런 순간이 와도 꿋꿋하게 대처하는 힘과 언젠가는 힘겨운 순간이 지나갈 것이라는 확신을 얻게 된다.

아이들은 삶의 크고 작은 일에 기뻐한다. 그리고 그 기쁨을 몸으로 표현한다. 명랑하게 웃기도 하고, 껑충껑충 뛰기도 하고, 크게 소리를 지르기도 하고, 조용히 눈물을 글썽거리기도 한다. 아이들은 기쁨을 만끽한다. 그런 만큼 크고 작은 일에 기뻐할 줄 아는 부모를 좋아한다. 부모가 기뻐할 줄 모를 때, 매사에 웃지 않을 때 아이들이 어떤 메시지를 주는지 고민해보라. 아이들은 말한다. "화내지 마세요. 소리 지르지 마세요. 웃으세요!" 아이는 모방할 수 없는 스승이다. 아이들은 부모를 상대로 반복해서 시험하고 연습한다. 언젠가 부모가 자신의 메시지를 알아챌 날이 올 거라는 굳은 희망을 품고 말이다. 아이에게 배운다는 것은 감정을 드러낸다는 의미이며, 다양한 감정을 인정한다는 의미이다. 아이를 스승으로 받아들이면 또 다른 영적 차원이 열린다.

예수는 제자들에게 말했다. "내가 진실로 너희에게 말한다. 너희가 회개하여 어린이처럼 되지 않으면, 결코 하늘나라에 들어가지 못한다."(마태오복음 18장 3절) 아이는 영성의 샘이다. 영성이 무엇인지 아이에게서 배울 수 있다. 예수의 말에 대해 여러 해석을 할 수 있겠지만, 그중 가장 중요한 것은 아이에게서 배우라는 것이다. 아이들은 새로운 것에 마음을 활짝 열고 아무런 편견 없이 다가간다. 또한 아이들은 모든 것에 감탄할 줄 안다. 그러므로 영성의 측면에서 볼 때 예수의 말은 곧 아이의 열린 마음을 닮을 때에만 신이 함께한다는 의미이다. 자신이 가진 지식과 편견에 집착한다면 결코 더 큰 힘과 접촉할 수 없을 것이고, 내면에 숨은 고요의 방을 발견하지 못할 것이다. 고요의 방에서 만나는 내 안의 아이는 신이 만든 참된 형상을 가리킨다. 그것은 자신의 얼굴에서 가면을 걷어낸다. 자신을 가리고 있던, 자기 자신조차 보지 못하게 하던 가면을 뜯어낸다.

아이는 영성의 원천일 뿐 아니라 부모에게 힘을 주는 샘물이기도 하다. 이는 부모가 자신을 위해 아이를 이용해도 좋다는 뜻이 아니다. 부모가 자부심을 느끼기 위해 혹은 자신의 욕구를 만족시키기 위해 아이를 이용해서는 안 된다. 그보다는 아이를 보살핌으로써 자기 안에 있는 아이와 만날 수 있게 된다는 것이다. 아이와 함께 노는 부모는 마음이 가벼워지고 즐거워진다. 내 안의 아이와 접촉하게 되기 때문이다.

하지만 어떤 부모는 퇴근해 집으로 돌아가며 한탄하기도 한다. 집에 가도 편안히 쉴 수 없다는 사실 때문에 말이다. 피곤해 죽겠는데 아이들과 놀아줄 생각을 하니 부담스럽기만 한 것이다. 그러나 이는 아이를 어떤 존재로 느끼는지, 아이와 보내는 시간을 어떻게 받아들이는지에 따라 달라질 수 있다. 아이들과 함께하는 순간을 그저 힘겨운 노동으로만 받아들인다면 매사가 부담스럽게 느껴질 수밖에 없다. 하지만 아이들의 생명력을 사랑한다면, 그들과 보내는 시간이야말로 골치 아픈 세상사를 잊을 수 있는 귀한 휴식의 장이 된다. 나는 아이들을 힘의 원천으로 느낀다. 아이들과 같이 놀면 내게도 득이 된다. 아무 목적 없이 그냥 아이들과 뒹굴 수 있다. 아이들이 더 어릴 때는 품에 안은 아이의 미소만 봐도 감사와 만족을 느낄 수 있다. 아이들은 부모에게 노동만을 요구하는 귀찮은 존재가 아니다. 기쁨을 주는 존재이고, 힘을 주는 존재이며, 내 안에 있는 어린아이 같은 생명력과 자유를 상기시키는 존재다.

4
정서적 유대감과 신뢰감

영적 교육의 두 가지 기본 토대

모든 아이는 유일한 존재다. 그리고 이 유일성은
아이가 자기 곁에서 붙잡아주고 보호해주는 존재를 느끼느냐에 따라 달라진다.
안전하다고 느끼는 아이, 인정받는다고 느끼는 아이만이 설사 자기가 실패하더라도
부모가 붙잡아주고 보호해줄 거라는 사실을 확신한다.
그리고 그 확신은 영적 교육의 기본 토대가 된다.

아이들은 묻고 또 묻는다. 호기심과 탐구 정신 때문이다. 아이들은 문제의 근원을 파고든다. 아이들이 하는 모든 지적 경험과 추상적 경험은 신체적 경험을 바탕으로 한다. 그러므로 아이들은 알고 싶은 모든 것을 일단 손으로 만지고 쥐어본다.

하지만 앞에서도 강조했듯 모든 아이는 제각각 유일한 존재다. 그래서 시간이 많이 걸리더라도 신중하게 새로운 경험에 도전하려는 아이가 있는가 하면 낯선 영역에 대해서는 무조건 고개부터 젓고 보는 아이도 있다. 전자는 망설임과 고민 끝에 용기를 내어 나무 위에 올라가면 금세 득의만만한 미소를 지으며 혼자 내려갈 수 있다고 큰소리를 친다. 하지만 후자는 자신의 능력을 믿지 않기 때문에 어쩌다 나무 위에 올라가도 이내 울면서 소리친다. "내려줘!"

모든 아이는 유일한 존재다. 그리고 이 유일성은 아이가 자기 곁에서 붙잡아주고 보호해주는 존재를 느끼느냐에 따라 달라진다. 안전하다고 느끼는 아이, 인정받는다고 느끼는 아이만이 설사 자기가 실패하더라도 부모가 붙잡아주고 보호해줄 거라는 사실을 확신한다. 그리고 그 확신은 영적 교육의 기본 토대가 된다.

건강한 감정 교류와
정서적 유대감

일곱 살인 클라스는 내년에 학교에 들어간다. 자신감이 넘치고 당당하며 자신의 능력을 잘 알고 있다. 또 친구를 잘 사귀는 편이라서 주변에 항상 친구가 많다. 물론 자기 뜻대로 안 되면 화내기도 하고 실망감을 표하기도 한다. 하지만 워낙 주변 사람들과의 관계가 튼튼하다. 클라스에게는 엄마, 아빠, 할머니, 할아버지, 이모 등 무조건 신뢰할 수 있는 사람이 여럿 있다. 엄마는 말한다. "클라스는 사랑을 듬뿍 받고 자랐죠. 과보호한 건 아니에요. 하지만 우리는 모두 클라스 편이에요. 아이가 자기감정을 마음껏 표출할 수 있죠." 아빠가 끼어든다. "그건 우리도 마찬가지입니다. 저도 아이한테 화를 내요. 아이도 우리한테 그렇게 하고요. 그게 정상 아닌가요?" 엄마가 다시 입을 연다. "감정은 교육에서 큰 역할을 한다고 생각해요. 자기 감정을 드러내고 그에 관해 허심탄회하게 대화를 나누는 거죠. 부모가 지금 어떤 상태인지를 아이가 알면 아무 일도 일어나지 않아요." 엄마가 잠시 뜸을 들이더니 다시 말한다. "적어도 저는 그렇게 생각해요."

시몬은 클라스의 친구다. 클라스가 유일한 친구다. 어릴 때 잔병치레를 많이 해서 유치원을 자주 빠지다 보니 주변에 친구가 거의 없다. 시몬은 매사에 신중하고 소극적이며 걸핏하면 운다. 클라스가 유치원에 오지 않은 날이면 같이 놀 친구가 없어 어쩔 줄 몰라 하다가 집에 가고 싶다고 운다. 아침마다 엄마하고 헤어지는 것도 큰일이다. 아침마다 엄마 치맛자락을 붙들고 유치원에 안 가겠다며 칭얼거린다. 그럴 때 시몬의 엄마가 보이는 반응도 불안하고 모순된다. 아이를 붙잡고 잘 달래줄 때도 있지만, 짜증을 내며 아이를 억지로 유치원 차에 태울 때도 있다.

시몬의 엄마는 말한다. "애가 무슨 생각을 하는지, 어떻게 해야 옳은 건지 잘 모르겠어요. 처음부터 그랬어요. 애가 뭘 원하는지 도무지 알 수가 없었어요." 엄마의 양립 감정은 아이에게 고스란히 반영된다. 시몬은 말을 잘 듣다가도 갑자기 돌변해 무조건 떼를 쓰고 화를 낸다. 시몬의 아빠도 한마디 한다. "시몬이 기분 좋고 온순하게 행동할 때도 저는 늘 불안합니다. 언제 애가 돌변할지 모르거든요." 그래서 아빠는 평온할 때도 그 순간을 즐길 수가 없다. "이런 상황이 너무 부담스러워요. 가끔은 아이가 관심을 끌려고 일부러 아픈 척하는 게 아닐까 하는 생각이 들 때도 있어요. 말도 안 되는 생각이겠죠?"

클라스와 시몬의 감정은 각 아이가 어떻게 교육받았는가를 드러낸다. 아이들의 감정에는 부모 자식 관계가 반영되기 마련이다. 아이들은 세상에 태어나는 순간부터 부모와 감정의 끈을 만들어간다. 웃고, 찌푸리고, 기뻐하고, 울고, 소리치고, 버둥거리고, 매달린다. 이런 행위를 통해 만들어가는 감정의 친밀함이 양질의 음식을 섭취하는 것보다 더 중요하다. 신생아에게 튼튼한 정서적 끈을 연결시킬 기회를 주지 않으면, 아이는 금방 감정의 왜곡 상태에 빠지게 되고 건강한 인간관계를 맺을 수 없게 된다.

신생아는 자신을 보살펴주고 먹을 것을 주는 사람과 유대 관계를 발전시킨다. 보통은 그 상대가 부모지만, 신체적·정신적 생존을 보장해주는 다른 사람인 경우도 있다. 아이는 웃음과 울음을 통해 유대 관계를 형성한다. 아이의 울음은 따뜻함과 위로를 주기를 바라고, 달래주고 안아주기를 바란다는 표시다. 이 정서적 유대감이 튼튼해야만 아이는 꼭 쥔 부모의 손을 스스로 놓을 수 있다. 혼자 기거나 걸어서 좀 더 멀리 나아갈 수 있고, 세상에 대한 호기심을 실천에 옮겨 주변을 탐색할 수 있다. 유대감과 호기심은 동전의 양면이다.

부모는 항구다. 현실을 탐험하러 떠난 아이가 폭풍이 불거나 괴물을 만나면 언제든지 돌아올 수 있는 항구다. 부모는 아이의 신호를 간파해 적절하게 해석하고 반응할 수 있어야 한다. 아이가 위로받고 싶어 할 때는 따뜻하게 안아주어야 한다. 아이가 슬퍼할 때는 달래주어야 한다. 부모는 아이가 외치는 두 가지 목소리를 잘 간파해낼 때 적절한 반응을 보일 수 있다. 그것은 바로 '붙잡기'와 '놓아주기'다. 아이는 성장하며 이 두 가지를 요구한다.

아이들은 모두 태어날 때부터 튼튼한 정서적 끈을 바라지만, 이에 대한 부모의 반응은 각양각색이다. 민감하게 아이의 요구를 알아차리고 적절하게 반응하는 부모가 있는가 하면, 이중적이고 모순된 태도로 이랬다저랬다 하는 부모도 있다. 이 경우에는 아이가 정서적 유대감을 100퍼센트 확신할 수 없다.

부모의 태도가 아이의 행동과 감정에 얼마나 큰 영향을 미치는지는 연구 결과로도 밝혀진 바 있다. 부모가 상황과 연령에 따라 적절하게 아이의 욕망을 이해하며 반응하면, 아이가 긍정적 감정은 물론이고 부정적 감정까지도 자연스럽게 드러낸다. 불안하고 위협적인 상황에 직면해서도 부모와 친밀한 유대감을 느끼며 위로받을 수 있기 때문이다. 그런 아이들은 자신감을 갖고 다시 길을 나선다. 유대감과 호기심이 바람직한 균형을 이루는 것이다. 이때 아이들은 자신이 어떤 상태인지, 누구에게 의지할 수 있는지, 누가 나를 조건 없이 받아주는지 잘 알고 있기에 안심하고 길을 떠날 수 있다.

하지만 부모가 아이의 슬픔, 고통, 근심 같은 부정적 감정을 무시하면, 아이는 그런 감정들을 과대평가하게 된다. 정서적 유대감이 튼튼하지 못한 아이는 상대방이 어떻게 반응할지 예상하지 못한다. 부모의 이중적인 태도가 아이의 행동에 부정적인 영향을 미치는 것이다. 그래서 헤어질 때는 몹시 불안해하면서도 막상 다가가려고 하면 거부한다. 친밀함과 거리 사이에서 어찌할 바를 모르고, 항상 거절당할지 모른다는 두려움에 시달린다. 또한 자신의 부정적인 감정을 파악하고 적절하게 표현할 방법을 찾지 못한다.

다시 한 번 클라스와 시몬에게로 돌아가 보자. 두 아이의 상반된 태도에는 양쪽 부모의 다른 교육 방식이 그대로 반영되어 있다. 특히 친밀함과 거리에 대한 아이들의 욕망을 부모가 어떻게 다루었는지 그대로 드러난다. 학술 연구를 토대로 약간 보편화시켜 정리해보면, 아이가 정서적으로 긍정적인 분위기의 가족 안에서 자라면 감정을 드러내기가 쉬워진다. 부모가 드러내는 감정이 아이의 감정에 긍정적인 작용을 하는 것이다.

또 정서적 유대감이 튼튼한 아이가 사회성도 뛰어나고, 공감 능력도 높으며, 남보다 튀는 행동을 잘 하지 않게 된다. 어떻게 하면 아이가 감정 표현을 잘하도록 가르칠 수 있는지, 어떻게 하면 아이가 감정 조절을 하도록 만들 수 있는지 묻는 부모들이 많다. 여러 방법이 있겠지만, 그중 몇 가지 측면을 짚어보도록 하겠다.

아이들은 부모와의 대화를 통해 자기감정을 이해하고, 표현하고, 조절하는 법을 배운다. 물론 아이들을 어른 취급하며 지나친 심리적 부담을 안겨주어서는 안 된다. 아이가 어릴수록 긍정적인 감정이든 부정적인 감정이든 받아주고 이해해주어야 한다. 어린 시절 불안하고 외로울 때 적절히 위로받은 경험이 있는 아이들이 나중에 어른이 돼서도 남을 위로하고 애정을 나누어줄 줄 알게 된다. 감정에 대해 이야기 나눈다는 것은 자기감정의 원인을 규명한다는 의미이다. '나는 왜 화가 났을까?' '나는 왜 슬플까?' '나는 왜 불행하고 마음이 아플까?' 이런 문제로 아이와 대화를 나누다 보면 감정을 이해하고 조절하는 법을 가르쳐줄 수 있다.

하지만 아이와 대화를 나누는 것만으로는 충분하지 않다. 부모도 자신의 감정을 설명해야 한다. 부모의 감정 상태가 좋지 않으면, 아이는 즉각 그 사실을 알아차린다. 그러므로 솔직하게 자기감정을 보여주어야 한다. 이때 말과 다른 얼굴 표정이나 목소리를 내는 등 이중적인 메시지를 주어서는 안 된다. 그러면 아이의 마음과 행동이 불안해질 수 있다. 엄마, 아빠의 마음이 정확히 어떤 상태인지 알 수 없기 때문이다.

페스탈로치는 교육이란 결국 모범을 보이는 것이라고 말한 바 있다. 모범을 보인다는 건 곧 본보기가 된다는 뜻이다. 그리고 감정에 관해 본보기가 된다는 건 도덕적으로 칭찬받을 감정이든 비난받을 감정이든 부모 스스로 용인하고 표현하고 조절한다는 의미이다. 그렇게 할 때 아이는 부모를 본보기 삼아 자기감정을 표현하고 조절하는 법을 배우게 된다.

아이가 연령과 성장 상황에 맞는 감정(특히 부정적 감정) 조절 능력을 익히지 못하면 심각한 결과가 초래된다. 이때 아이는 의식적으로 이상한 행동을 하거나 부모에게 버려졌다는 외로움과 상처를 안고 마음의 달팽이집으로 숨어버린다.

한편 공감 능력은 취학 전 연령 아이들이 반드시 배워야 할 감정이다. 하지만 이 역시 고단한 과정이라서 이미 다음 성장 단계에 이르렀다고 믿었던 아이가 다시 과거로 퇴행해버리는 경우도 많다. 이를테면 유치원에 다니는 아이가 젖먹이 시절의 이기적인 특징을 보이며 당장 자기가 원하는 걸 내놓으라고 떼를 쓰기도 하는 것이다. 하지만 부모가 아이의 다양한 인성을 다 이해해준다고 느낄수록 아이는 자기중심적 감정을 절제하기가 더 수월해진다. 아이와 대화할 때 다른 사람의 입장을 고려하고 타인에게 해가 되는 행동을 중단하도록 요구하는 것도 한 방법이다. 하지만 이 역시 당장 효과가 나타나는 것은 아니고, 나타난다 해도 장기적으로 지속되는 건 아니다. 이 방법을 실행할 때도 부모가 먼저 모범을 보이는 것이 중요하다. 앞서 말했듯 아이는 본보기를 통해 배우기 때문이다.

교육은 관계다. 감정 교류가 원활해야 아이를 교육할 수 있다. 아이와 적절하게 관계 맺지 못한다면 그와 동시에 교육도 끝난다. 그러면 아이는 곧 방향을 잃은 채 헤매게 될 것이고, 자신에게 필요한 지원과 애정을 찾을 때까지 격렬하게 반응할 것이다. 모든 인간에게는 '비이성적, 감성적으로 서로 묶인' 사람이 필요하다. 다시 말해 믿을 수 있는 사람, 신체적·정신적으로 자신을 위해 존재하는 사람이 필요하다는 것이다. 그렇게 튼튼한 정서적 끈으로 묶인 아이들만이 삶을 살아갈 힘, 실패에 대처할 수 있는 힘을 기를 수 있다. 아무런 애정도 지지도 받지 못한 채 버림받았다고 느끼는 아이들은 아주 사소한 실패에도 용기가 꺾인 채 좌절하고 만다.

교육은 태도다. 부모나 교사로서 자기 자신은 물론이고 아이들을 대하는 태도. 그렇기에 교육은 감정과 깊이 연관돼 있다. 기쁨, 좌절, 인내, 여유 등 다양한 감정과 대면해야 한다. 교육은 특수한 기술을 응용하는 것이 아니다. 특정 문제와 해결책이 딱 맞아떨어지는 기술이 아니라는 얘기다.

교육은 동행이다. 모든 감정이 등장하고 허용되는 여행과 같다. 행복만 아는 사람은 불행과 슬픔에서 얻을 수 있는 창조적 힘을 모를 것이고, 나락에 떨어져 허우적거리는 사람은 정상에 올랐을 때의 환희와 감격을 알 수 없는 법이다.

회복력이 큰 아이로 키우는 법

영적 교육은 아이에게 안정감과 자존감을 가져다준다. 부모가 아이의 슬픔에 적절히 대처한 리나의 사례가 이를 잘 말해준다. 아홉 살인 리나는 아빠의 직업 문제 때문에 세 번이나 이사했다. 그 과정에서 친구들과 작별을 고했고, 익숙한 환경과도 이별해야 했다. 그 때문에 아이는 슬픔에 빠졌고, 심지어는 분노하기도 했다. 하지만 리나의 부모는 아이의 분노를 잘 이해했고, 다친 마음을 적절하게 어루만져주었다. 그 덕분에 아이는 힘들어하면서도 비교적 새 환경에 잘 적응했고, 금세 친구도 사귀었다.

아이들은 언제든 위기의 순간과 맞닥뜨릴 수 있다. 그것이 이별의 경험이든 처참한 재난이든 물질적 가난이든 말이다. 사실 위기는 태어날 때부터 삶의 일부가 되어 따라다닌다. 위기의 종류가 다양하듯 그에 대처하는 방법도 아이마다 다르다. 힘겨운 사건 때문에 충격을 받아 비관적인 세계관을 가진 채 자존감을 상실해가는 아이가 있는가 하면, 지푸라기라도 잡는 심정으로 힘겹게 일어나 다시 걸음을 내딛는 아이도 있고, 위기를 불행이라기보다는 도전으로 받아들이며 적극적으로 극복하는 아이도 있다.

교육학과 심리학에서는 위기를 적극적으로 극복하는 아이에 대해 '회복력'이 크다고 말한다. 심리학자 잭 블록과 에미 워너 등이 1950년대에 도입한 개념이다. 심리학자 로제마리 베터-엔덜린은 '회복력'이란 개인이 타고난 자원과 사회적으로 전달받은 자원을 활용해 삶에서 직면하는 각종 위기를 극복하고 발전의 계기로 삼는 능력이라고 해석한다. 이를 아이들에게 적용시켜보면 회복력이 큰 아이들은 일상의 압박과 부담에 긍정적으로 대처하고 위기가 닥쳐도 큰 충격 없이 극복해낸다. 나아가 성장에 동반되는 좌절과 절망에 적절히 대처해 문제를 해결해 나갈 수 있다.

회복력이 큰 아이들에게는 공통적인 특징이 있다. 가족이나 사회의 네트워크 속에 들어가 있다는 것이다. 앞선 예에서도 리나는 잦은 이사 때문에 스트레스를 받았지만, 부모의 관심과 보호 속에서 자신이 안전하다고 느꼈기 때문에 별 탈 없이 새로운 환경에 적응할 수 있었다. 부모가 아이 스스로 위기를 극복할 수 있도록 자극해준 것이다. 아이들에게 문제가 생겼을 때 지원군이 있다는 건 매우 중요한 일이다. 다만 아이들을 대신해서 문제를 해결하려 들지 말고 스스로 해결책을 찾도록 이끌어주어야 한다. 아이들의 뒤에 서서 기다려주고 함부로 간섭하지 않는 게 좋다. 아이들이 방향을 잡을 수 있도록 도와주되 아이와 부모 간에 상호 존중이 필요한 것이다. 아이들에겐 경계가 필요하다. 아이들을 보호해주는 한편 아이들이 독립적으로 성장할 수 있는 시간과 공간을 마련해주는 경계 말이다.

 회복력이 큰 아이, 즉 자신감 있고 낙관적인 아이는 하늘에서 뚝 떨어지는 것이 아니다. 태어날 때부터 독립적이고 자신감 있는 아이는 없다는 말이다. 회복력은 지속적인 노력과 교육의 결과로 형성된다. 물론 언제 어떤 위기가 닥쳐와도 늘 의연한 사람은 없다. 아무리 회복력이 큰 아이라 해도 살다 보면 흔들릴 수 있다. 회복력은 무엇보다 관계를 중시하는 교육이 선행될 때 따라 나온다. 공감, 인내, 신뢰를 바탕으로 아이가 자신감과 독립심을 키우는 토대를 마련하도록 이끌 때 생겨난다는 얘기다. 그러자면 우선 아이들이 자기 곁에 있는 삶의 동반자를 믿을 수 있어야 한다.

 아이의 회복력을 키우는 데 도움이 되는 또 다른 조건이 있다. 아이의 모든 감정을 용인해야 한다는 것이다. 아이를 조건부로 사랑해서는 안 된다. 아이가 밝고 행복할 때에만 인정해주어서는 안 된다. 아이가 슬퍼하거나 무서워하거나 화낼 때에도 곁에서 지켜주고 보호해주어야 한다. 언제나 사랑받을 수 있다는 확신이 들 때, 아이는 비로소 주변 사람들과 튼튼한 관계를 맺을 수 있다.

아이들은 자신을 인격적으로 존중하면서도 규율을 정해주는 관계를 원한다. 자유방임은 독립심과 자의식 형성을 방해할 뿐이다. 부모에게는 아이들을 진심으로 사랑하고 인정하면서도 신뢰할 만한 규범을 제시하는 교육 태도가 필요하다. 한편 아이들에게는 가정 밖의 네트워크도 필요하다. 이를테면 힘들 때 아픔을 견딜 수 있게 도와주는 친구가 필요하다. 그리고 아이들의 호기심과 학구열을 지원해주며 본보기가 될 스승도 필요하다. 그래야만 자신의 강점과 능력을 발견할 수 있다.

회복력이 큰 아이들이라고 해서 강하기만 한 건 아니다. 그들은 자신의 약점도 잘 알고 있다. 강해 보이려고만 하는 사람은 자기 문제를 억압하기 때문에 자신은 물론이고 타인에 대해서도 잘 알지 못한다. 회복력이 큰 사람은 세상만사가 술술 풀리리라는 순박한 믿음을 따르지 않는다. 어려움과 괴로움도 인생의 일부이며, 실패와 절망도 이겨내야 한다는 것을 잘 안다. 삶의 상황과 단계마다 새로운 모습으로 등장하는 난관은 회복력이 큰 사람에게도 상처를 입힐 수 있다. 하지만 그들은 이를 극복해낼 수 있다는 것을 안다. 아이를 회복력 있는 존재로 만들 수 있는 특급 비법이 존재하는 건 아니다. 하지만 부모가 알아두면 유익할 몇 가지 사항이 있다.

첫째, 아이들은 있는 그대로의 모습으로 인정받고 싶어 한다. 느리면 느린 대로, 덤벙거리면 덤벙거리는 대로 사랑받고 싶어 한다. 무엇보다 아이들은 비교당하는 것을 싫어한다. 아이들의 강점에 초점을 맞출 필요가 있다. 항상 약점만 보는 부모는 아이의 열등감을 조장할 위험이 높다.

둘째, 실패도 인생의 일부이다. 아이에게 산 정상만 보여주고자 한다면, 산을 오르는 고단함을 알려줄 수 없다. 또한 아이에게 삶의 양지만을 보여주고자 한다면, 인생길 곳곳에 드리워진 음지를 알려줄 수 없다.

셋째, 아이들은 믿고 의지할 사람을 원한다. 어디로 가야 할지 몰라 바다를 헤맬 때 다시 돌아와 쉴 수 있는 항구 같은 사람을 원한다.

넷째, 아이들에게도 자기 책임이 필요하다. 부모가 대신 문제를 해결해주면, 아이는 독립심을 키우지 못한다. 또한 아이에게 자유를 주는 것도 좋지만, 반드시 자기 행동에 책임이 따름을 알려줘야 한다. 그래야만 절제력이 생긴다.

다섯째, 아이들은 상호 공감과 존중을 원한다. 따라서 부모가 먼저 본보기를 보여야 한다. 그래야 아이들이 방향을 잡을 수 있고, 자의식과 자신감과 독립심을 키울 수 있다.

아이들은
백지로 태어나지 않는다

영적 교육은 일방통행로가 아니다. 어른은 가르치고, 아이는 배우기만 하면 되는 것이 아니라는 얘기다. 이 세상에는 세 종류의 교육자가 있다.

첫째, 아이들을 백지라 생각하고 자신의 능력과 기술로 빈자리를 채우려 하는 교육자가 있다. '지식 전달'형 교육자다. 아이들은 미숙하고 무지한 존재이므로 자신이 적극적으로 가르쳐야 한다고 믿는다.

둘째, 아이들을 찰흙 덩어리라고 생각하고 이를 자신의 힘으로 빚으려 하는 교육자가 있다. '도공'형 교육자다. 아이는 아직 무형의 존재이므로 어른이 형태를 만들어주어야 한다고 생각한다. 당연히 어떤 형태가 될 것인지도 어른이 결정한다. 그러므로 이런 교육자는 유순한 아이, 복종하는 아이, 자기 뜻을 꺾는 아이를 원한다.

셋째, 아이의 기질, 성격, 특성을 키우는 교육자가 있다. '정원사'형 교육자다. 어떤 식물은 물을 많이 먹지만, 어떤 식물은 물을 너무 자주 주면 썩어버린다. 또 어떤 꽃은 햇빛을 좋아하지만, 어떤 꽃은 너무 강한 햇살을 받으면 말라버린다. 정원사는 각 식물의 특성을 잘 파악해 물을 주고 햇빛을 조절해야 한다.

물론 아이들에게는 지식을 전달해주는 사람도 필요하다. 하지만 아이의 인생길에 동행할 사람으로는 '정원사' 형 교육자가 더 안성맞춤이다. 그는 아이를 가르칠 때 다음 몇 가지 사실을 유념하기 때문이다.

첫째, 모든 아이는 자기만의 존재 방식을 지닌 유일한 존재다. 따라서 그 누구와도 비교 불가능하다.

둘째, 교육은 교재로만 이루어지는 것이 아니다. 교육은 자기 도야와 관련이 있다. 따라서 자율성과 자립심 형성, 호기심과 창의성 개발에 기여하며, 이를 통해 아이 스스로 이룬 성과에 기뻐하도록 만든다.

셋째, 인생길을 탐색하는 것은 쉼 없는 모색의 과정이다. 그리고 그 과정에서 성공만 경험하는 것은 아니다. 실망과 좌절도 경험해야 하고, 원하는 것을 잠시 미뤄야 할 때도 있다.

넷째, 영적 교육도 갈등되고 모순되는 여러 문제로부터 자유롭지 않다. 하지만 영적 교육은 힘겨운 순간, 절망적인 순간을 용인한다. 그 때문에 정서적 기반을 필요로 한다. 그래야만 인생이 요구하는 여러 시험을 견뎌낼 수 있다.

다섯째, 상호 존중하고 공존하는 삶을 가르치기 위해서는 규범과 가치를 전달해주어야 한다. 따라서 아이가 규칙을 무시할 때는 그에 따른 책임도 인식시켜주어야 한다. 자유와 책임은 떼려야 뗄 수 없는 관계이다.

아이를 훈육의 대상으로만 바라보면, 교육은 시간과 에너지를 투여해야 하는 고달픈 노동이 된다. 하지만 아이는 학생이자 스승이기도 하다. 아이들은 복잡한 상황을 아주 간단하게 해결할 줄 안다. 어른들이 이를 배운다면 번잡스러운 현실을 좀 더 단순하게 살아낼 수 있을지도 모른다.

교육의 과정은 대개 일련의 규칙에 따라 진행되지만, 언제든 예기치 못한 돌발 상황이 벌어질 수 있다. 따라서 아이를 교육하는 사람은 모든 것을 즉각 실행할 수 있으리라는 생각을 버려야 한다. 어른과 아이 사이에는 '질서'와 '혼돈'이 동시에 존재한다. 그러므로 혼돈을 용인하고 그것과 더불어 사는 법을 배워야 한다. 또 아이와 함께 산다는 것은 직관성과 즉흥성을 요구하는 모험이다. 모든 아이는 유일하기에 매일 새롭고 놀라운 일이 벌어진다. 때로는 교육학의 비법들이 먹히기도 하지만, 때로는 전혀 효과를 보지 못한 채 엉망진창이 되기도 한다. 다시 한 번 강조하지만 교육에는 '질서'와 '혼돈'이 혼재되어 있다. 질서가 어떻게 작동하는지, 교육 비법이 왜 먹히지 않는 건지 우리는 알지 못한다. 다만 분명한 건 인생의 절반이 질서라면, 나머지 절반은 혼돈이라는 점이다. 혼돈을 용인하게 되면 두려움과 불안이 생길 수도 있겠지만, 이를 참고 견딜 때 비로소 불완전함도 삶과 교육의 일부라는 걸 인정하게 될 것이다. 그리고 그런 사람만이 자기 내면에 새로운 것이 들어올 자리를 마련할 수 있을 것이다.

완벽한 교육만이 완벽한 아이를 길러낸다는 것은 틀린 생각이다. 교육적으로 책임 있는 행동이란 세세한 부분까지 치밀하게 계획하는 것을 말하는 게 아니다. 완벽주의적인 태도로 교육에 임하면 자신이 의도한 것과는 전혀 다른 결과를 낳기 십상이다. 교육적으로 책임 있는 행동이란 그 결과를 알 수 없다는 불안을 견뎌내는 것이다. 자신의 교육적 의도가 긍정적 결과만을 낳을 것이라고 기대하는 사람은 실망감을 맛보지 않을 수 없을 것이다.

아이들은 백지로 태어나는 것이 아니다. 따라서 교육자의 임무도 백지에 자기가 원하는 것을 그리는 것이 아니다. 아이들은 유일무이한 자기만의 인성을 가지고 태어난다. 여기에 영적 교육의 실마리가 있다. 다시 말하지만 교육은 아이와 관계 맺는 것이자 동행하는 것이다. 동행한다는 건 아이의 걸음걸이를 정해주지 않는다는 의미다. 그저 아이의 걸음에 맞춰 곁을 지켜주는 것이다. 절대적으로 '옳은' 교육이란 없다. 그저 한 아이의 인성에 맞는 교육만 있을 뿐이다. 다음 세 가지 사항만 유의한다면 아이와 올바른 관계를 맺으며 교육시킬 수 있을 것이다.

첫째, 아이의 입장이 되어 생각해야 한다. 아이의 관심사와 가치관을 이해하는 것이 무엇보다 중요하다. 부모가 교육적 책임을 갖고 개입해야 할 지점에서는 아이에게 그 사실을 인지시키고, 부모의 교육 목표와 교육관을 설명해야 한다.

둘째, 아이가 갖고 있는 자원과 능력에 주목해야 한다. 이때 아이의 약점보다는 강점에 관심의 초점을 맞추는 것이 중요하다.

셋째, 늘 아이 곁에 있다는 믿음을 주어야 한다. 모든 아이들에게든 자신을 조건 없이 믿어주는 어른이 필요하다.

철학자 에라스무스는 말했다. "훌륭한 교육은 고단하다." 아이들은 연령에 따라 관심과 주목, 배려와 지원을 필요로 한다. 젖먹이에게는 따뜻한 보살핌이 안도감을 주겠지만, 조금 더 자라면 자율성과 독립심을 키워주는 것이 더 중요해진다. 아이는 서서히 부모 품을 떠날 것이고, 점점 더 친구와의 관계를 중시하게 될 것이다.

아이들은 스스로 배운다. 쉼 없이 관찰하고 모방하며 실천에 옮긴다. 따라서 아이가 스스로 배울 수 있도록 자극하고, 되풀이해 능력과 기술을 익히게 해주는 주변 환경이 매우 중요하다. 교육자는 아이를 바꿀 수 없다. 아이를 바꿀 수 있는 사람은 아이 자신뿐이다. 그러므로 교훈이나 가르침보다 자극과 격려가 더 중요하다. 교육학자 오토 슈펙은 이렇게 말한다. "모든 아이는 자신의 감각을 통해 현실을 인식한다. 그리고 자신만의 역동성을 통해 그 현실을 조금씩 자기 안에 쌓아간다."

아이는 어른에게서 배우고, 어른은 아이에게서 배운다. 하지만 자신이 아이보다 더 우월하며 똑똑하다고 생각하는 어른은 신체적·정신적 우위를 권위와 혼동하여 아이를 억압하게 된다. 교육적 관계가 권력이라는 부정적 차원을 획득하게 되는 것이다. 이 경우 교육은 본보기를 보이고 규율을 제시하는 것이 아니라 오직 복종만을 요구하는 훈련으로 전락한다. 복종 훈련은 모든 아이를 똑같이 만들어버릴 수 있다. 당근과 채찍이라는 미명 아래 규범과 가치를 강요하기 때문에 아이는 단지 벌이 무서워 규칙을 따르는 수동적인 존재가 된다.

아이들이 갈등을 견뎌내며 성장할 때 가장 중요한 것은 자발성과 의지이다. 스스로 선해지는 법을 배워야 하며, 자기 힘으로 규범과 가치를 익히는 법을 배워야 한다. 규율은 복종을 통해 배우는 것이 아니다. 교육학자 롤프 아르놀트의 말대로 "자기 규율은 자유를 통해 얻는 것이다." 자기 규율이란 아이들을 선하게 만드는 것이 아니라 아이들 스스로 선해지도록 하는 것이다. 그러자면 합의된 규칙과 의식과 경계가 필요하다. 아이들의 연령과 상황에 따라 방향등으로 삼을 만한 경계, 젖먹이 시절의 이기적 관점에서 공감과 나눔을 특징으로 하는 이타적 관점으로 이끌어줄 경계가 필요한 것이다.

결국 자기 규율이란 서로 다른 사람들끼리의 공존이라는 사회적 요구를 수용하고, 자기 욕구를 만족시키면서도 타인을 존중하고, 도덕적 기준을 실천에 옮기고, 자기 잘못을 기꺼이 인정하고, 숱한 유혹을 이겨내면서도 그 유혹마저 삶의 일부임을 깨닫는 것이다.

경계를 넘으며
성장하는 아이들

상호 존중은 영성의 중요한 특징이다. 부모도 아이도 서로 인격체로 존중받아야 한다. 심리학자 루돌프 드라이커스의 말대로 누구나 자신의 역할에서 존중받을 권리가 있는 것이다. 또한 상호 존중을 위해서는 경계를 정하고 그 경계를 철저히 지켜야 하는 것이다. 아이를 존중한다는 것에는 아이에게 교육자의 인격을 존중하도록 가르치는 것도 포함된다.

교육 현장에서 발생하는 문제들 가운데 상당수는 경계가 없기 때문에 발생한다. 경계가 없을 때 아이들은 홀로 버려졌다고 느낀다. 학교와 가정에서 목격되는 아이들의 파괴적인 행동들은 대부분 방향을 알 수 없고 경계를 알 수 없는 혼란스러운 세상에서 살아남기 위한 노력이다.

주변을 둘러보면 도움을 요청하는 아이들의 필사적인 몸부림을 적지 않게 발견할 수 있다. 일곱 살인 피아는 늘 가위를 갖고 논다. 그런데 가위를 잘 다루는데도 가끔 손이나 팔을 베인다. 사실은 피아가 일부러 상처를 내는 것이다. 가족들과 대화를 나누어본 결과 피아는 다치거나 아플 때에만 부모의 관심을 받을 수 있었다. 부모가 늘 직장 일로 바빠서 아이에게 신경 쓸 겨를이 없었던 것이다. 열 살인 클라우스도 마찬가지다. 자전거를 타다가 크게 다치고, 축구를 하다가 코뼈가 부러지고, 학교에서 체조를 하다고 손가락이 휘어진다. 늘 클라우스의 일상과 함께하는 부상과 통증은 사실 이 아이가 관계를 만들어가는 방법이다. 아이는 슬픈 표정으로 고백한다. "아파서 누워 있을 때에만 사람들이 절 걱정해주거든요." 여기서 '사람들'이란 부모, 형제, 친구, 친척을 말한다.

아이들은 경계를 느끼고 관계를 형성하기 위해 극단적인 방법을 택한다. 무관심과 애정 결핍으로 혼자라는 느낌이 들 때 의식적으로든 무의식적으로든 예측할 수 없는 상황에 뛰어드는 것이다. 이렇듯 경계를 넘는 행동 뒤에는 튼튼한 관계의 끈을 얻고 싶다는 소망이 숨어 있다. 열다섯 살인 로베르트가 아빠의 오토바이를 몰래 타고 나가 밤거리를 질주하는 까닭도 그런 것이다. 아이는 말한다. "아빠한테 걸리면 바로 손이 날아와요. 얼마나 아픈데요. '악!' 소리가 절로 나온다니까요." 역설적이다. 한편으로는 물질적으로 풍요하기 이를 데 없는 요즘 아이들이 다른 한편으로는 공허함과 냉기로 가득 찬 관계 속에 방치되고 있다니 말이다. 이런 아이들은 부정적이고 고통스러운 체험을 통해 부모의 애정을 확인하려고 한다. 관심을 불러일으키기 위해 일부러 폭력을 유발하고, 심할 경우 자기 몸을 학대하기도 한다.

아이들은 경계를 원한다. 자신이 지금 어떤 상태인지, 어디에 있는지를 알고 싶어 한다. 경계는 아이에게 안전한 울타리를 제공해주고, 일정 시기 동안 믿을 수 있는 좌표를 제시해준다. 또 그와 동시에 경계 너머를 정복해보고 싶은 욕구를 자극하기도 한다. 경계에 맞서고 경계와 충돌한다는 것은 자기 능력과 가능성의 한계를 시험한다는 의미다. 이를 통해 아이는 '난 아직 못한다'는 마음에서 '난 할 수 있다'는 마음으로 이행한다. 부모의 지원과 스스로의 힘을 합쳐 경계와 충돌하면서 새로운 것에 도전할 용기를 얻게 되는 것이다.

아이들이 경계를 넘나들며 유희하는 까닭은 두려움을 참고 이겨내며 성장하기 위해서다. 경계 넘기가 아이들에게 얼마나 매력적으로 다가오는지는 아이들이 좋아하는 동화나 만화의 주인공에게서도 잘 드러난다. 익숙한 영역을 떠나 자신의 능력을 시험하며 모험하는 주인공, 금기를 깨는 사악한 힘과 맞서 싸운 후 성숙하고 강인해진 모습으로 돌아오는 주인공 말이다. 그들의 행동은 자신의 힘과 능력에 대한 믿음이 있을 때에만 가능하다.

하지만 최근에는 영화나 만화의 주인공들이 좀 더 기괴한 모습으로 나타날 때가 많다. 자극적이고 추악한 형태로 나타난다. 그럼에도 아이들은 열광한다. 이는 아이들이 현실에서 경계와 경계 넘기를 체험하지 못하기 때문에 벌어지는 현상이다. 영화 주인공들은 아이들이 빼앗긴 것들을 경험한다. 현실이 제공하지 않는 것, 허용하지 않는 것들을 체험한다. 그러므로 이런 영화 속 주인공들의 인기가 하늘을 찌른다면, 이는 곧 우리 아이들의 정서 상태를 잘 살펴보라는 경고와 다름없는 것이다.

아이들은 안전을 보장하는 경계가 없을 때 불안에 떤다. 기댈 곳이 없기 때문이다. 그럼에도 많은 부모들이 경계 설정이라는 중요한 임무를 방기하고 있다. 일관되지 않은 교육 태도로 아이들에게 불안감을 주는 것이다. 억압과 관용이 두서없이 등장한다면 아이들은 무엇을 따라야 할지 몰라 갈팡질팡한다. 부모가 경계 설정에 무관심할 때 경계와 규칙은 금지와 처벌을 의미할 수 있다. 금지와 처벌은 아이들의 의지를 꺾는 데 목표를 두고 있다. 따라서 경계를 정하는 적절한 방법이 아니다. 금지는 아이들이 거짓말을 하게 만들고, 새로운 경험을 할 때마다 불쾌감과 양심의 가책을 느끼게 만든다. 처벌은 아이들의 행동을 가로막으며, 아이들이 독립적으로 사고하지 못하도록 만든다. 금지와 처벌은 대부분 부모나 교사의 즉흥적이고 무절제한 판단에서 비롯된다. 어른들 스스로도 어찌해야 할 바를 모르기 때문에 그저 자기 욕구에 맞춰 만들어낸 경우가 많다는 것이다. 이는 곧 어른들에게 일상을 이끌어갈 규칙과 약속이 부족하다는 증거이다.

교육이란 공감하며 동행하는 것

다시 말하지만 영성은 곧 관계다. 아이들에게는 관계를 맺고 있다는 느낌이 필요하며, 독립적인 인격을 성장시키기 위해 든든한 끈이 필요하다. 심리학자들은 우리 시대의 가장 큰 병폐가 관계의 단절이라고 본다. 많은 사람들이 자신과의 관계, 타인과의 관계, 주변 세계와의 관계, 신과의 관계를 잃었다. 영성이란 존재의 근원과 연결되었다는 의미이며, 깊은 내면의 자기 자신과 접촉하고 있음을 느낀다는 의미이다. 그리고 이는 온전한 관계를 맺을 때에만 느낄 수 있는 것이다. 따라서 아이들의 삶에 동행하기 위해서는 먼저 아이들과 온전한 관계를 맺을 수 있어야 한다.

'교육'이라는 말은 '이끌다'라는 뜻의 라틴어 'ducere'에서 나왔다. 교육자는 아이들을 무의식에서 의식으로, 무형에서 유형으로, 불명확함에서 명확함으로, 보편성에서 개별성으로 '이끌어내는 (e-ducere)' 사람이다. 그럼으로써 아이의 유일성을 발견해내는 것이다. 하지만 그러려면 아이의 손을 잡아주되 억지로 끌어당겨서는 안 된다. 그보다는 아이와 관계를 맺어야 한다. 관계를 맺는다는 것은 강제로 이끌어내는 것 이상을 의미한다. 아이와 연결된다는 의미이며, 자기 자신의 내면과도 연결된다는 의미이다. 아이와 관계를 맺으려면, 자신과도 관계를 맺어야 한다. 또한 아이와 관계를 맺으면, 자기 자신과의 관계도 성장한다. 이 둘은 항상 상호 연관되어 있다. 부모는 능동적으로 제공하고, 아이는 수동적으로 받는 것이 아니다. 부모와 아이가 관계를 맺으면 둘의 내면이 함께 성장하면서 상호 교감하게 되는 것이다. 따라서 부모는 자기 내면에 있는 지혜와 사랑을 아이에게 전달하는 사람이다. 영성도 이와 마찬가지다. 영성은 부모가 아이에게 적극적으로 가르쳐야 하는 것이 아니다. 그냥 자기 영성의 일부를 아이에게 주면 된다.

동행의 개념도 이와 비슷하다. 교육은 동행이다. 동행이란 말에는 이끌어준다는 의미도 들어 있다. 동행자는 동행 상대를 이끌어준다. 동행의 적극적인 측면이다. 물론 아이는 제 갈 길을 간다. 이때 부모는 아이와 동행하며 조심스럽게 이끌어준다. 하지만 아이가 어디로 갈지 그 목표는 부모가 정하는 것이 아니다. 타고난 목표를 향해 가는 아이와 동행할 뿐이다. 자기 본성에 맞는 유일한 형상과 만나는 아이의 곁을 지키는 것이다. 부모가 정한 아이의 형상이 있는 것이 아니라, 그 아이만의 형상을 발견하고 그에 따라 성장하도록 도와주는 것이다.

동행이란 '함께' 간다는 의미다. 부모는 아이가 선택한, 아이의 본성에 맞는 길을 따라 함께 걸어간다. 아이를 길에 혼자 내버려두지 않는다. 아이가 이해할 수 없는 길을 택하더라도 함께 걸어간다. 그렇다고 해서 아이가 하는 일을 지켜보기만 한다는 의미는 아니다. 동행이란 아이와 참된 관계를 맺을 때에만, 아이가 무엇을 필요로 하는지 이해할 때에만, 아이의 피상적인 소망 뒤에 숨겨진 진짜 꿈이 무엇인지 느낄 때에만 가능한 것이다.

관계와 동행에는 '공감'이 포함된다. '공감'이라는 뜻의 라틴어 'misericordia'는 원래 자비심을 의미한다. 결국 공감도 자비심의 한 측면이다. 공감을 통해 우리는 타인에게 마음을 열고 그의 상황을 함께 느낀다.

이와 비슷한 말로 '연민'이라는 단어가 있다. 공감과 비슷한 의미로 사용되기도 하지만, 연민은 가엾게 여긴다는 뜻이다. 즉 타인의 아픔 속으로 들어간다는 의미다. 하지만 연민은 마음을 약하게 만든다. 아이의 아픔을 연민하다 보면 마음이 약해져 아이를 도울 수 없다. 게다가 연민은 종종 자기 연민으로 확장되기 쉽다. 그러면 아이를 돕는 것이 아니라 아픈 상처 주변을 맴돌다 빠져 나올 길을 찾지 못하게 될 수도 있다. 따라서 연민하기보다 공감한다면 아이의 문제에 대해 마음을 열고 동행할 수 있다.

공감은 관계의 개념이다. 나는 아파하는 타인과 관계를 맺는다. 그 아픔에 빠지지 않고도 타인의 아픔에 참여한다. 나는 아파하는 아이와 관계를 맺지만, 나 자신과도 관계를 맺는다. 그리고 관계 속에서 새로운 힘을 아이에게 전달한다. 나의 힘, 나의 믿음, 나의 희망, 나의 사랑을 전달한다. 이를 통해 아이는 고통을 딛고 일어설 수 있다.

공감, 자비심, 관계, 동행은 결국 영적인 개념들이다. 루카복음에서 예수는 이렇게 말한다. "너희 아버지께서 자비하신 것처럼 너희도 자비로운 사람이 되어라." 자비로운 사람은 신의 본성을 이해하고, 신에게 참여한다. 인간에 대한 공감은 신의 본성과 일치하는 영성이다. 그러므로 아이에게 공감하는 부모는 예수가 그리스도교인에게 요구하는 태도를 실천하는 것이다. '자비심'이라는 말에는 아이가 갖고 있는 모든 것과 관계를 맺는다는 의미가 담겨 있다.

영적 교육이
삶에 가져다주는 기회

영성과 신앙심에는 공통점이 많다. 물론 안톤 부허가 말한 대로 "신앙심은 영성보다 사회적 영향력이 더 강하다." 하지만 영성은 내면에서 나오고, 종교적 실천은 학습되는 것이다.

 영성과 신앙심에서 모두 중시하는 것은 바로 관계다. 사회적 환경과의 관계, 타인과의 관계, 자기 자신과의 관계가 중요하다. 또 무엇보다 자기 인격에 대한 존중이 필요한데, 이는 자신을 존중하는 사람만이 타인도 존중할 수 있기 때문이다. 영성과 신앙심에는 또 다른 특별한 관계가 있다. 인간을 넘어서는 궁극의 정신, 신성함, 신과의 관계가 바로 그것이다. 이는 어른들은 물론이고 자라나는 아이들에게도 매우 중요하다. 영적·종교적 교육은 삶에서 자기 정체성을 확인하는 데도 도움을 준다. 신학자 콜러-슈피겔은 아이들이 영성에 기초한 삶을 살아가는 데 중요한 세 가지 측면을 언급한 바 있다.

 첫째, 아이들에게는 자기 능력과 경험에 대한 믿음이 있어야 한다.

둘째, 아이들에게는 안전한 관계의 끈이 있다는 믿음이 필요하다. 언제라도 인정받고, 환영받으며, 조건 없이 수용된다는 느낌이 필요한 것이다.

셋째, 아이들에게만 있는 내면의 힘과 원초적 형상을 믿어야 한다.

이와 관련해 영적·종교적 교육은 중요한 자극을 제공할 수 있다. 종교적인 가족 관계는 아이의 인성 발달에 무한한 기회를 제공한다. 하지만 종교적 교육이 권위적이거나 도식적일 때는 오히려 장애가 될 수 있다. 예를 들어 끊임없이 모색하고 질문하는 아이를 진지하게 받아주지 않거나, 아이에게 순종과 복종만을 강요하며 공포심과 불안감을 조장하면 결코 올바른 종교적 교육이라 할 수 없다.

영적·종교적 교육에서는 아이를 능동적 인격으로 존중하며, 부모도 아이와 함께 성장한다. 부모는 땅을 향해 뻗어 있는 뿌리이고, 아이는 하늘을 향해 치솟는 가지이다. 가지는 미래를 상징하고 희망을 상징한다. 영적·종교적 교육이 유익한 까닭은 부모가 몸소 실천할 수 있는 구체적이고 일상적인 방식이므로 아이들이 능동적으로 따라 하며 체험할 수 있다는 데 있다. 다양한 연구 결과를 살펴보면 크게 두 가지 의미를 꼽을 수 있다.

첫째, 아이들이 생각하는 신의 형상은 매우 이른 시기부터 형성된다. 이때 부모, 조부모, 유치원, 학교의 역할이 지대하다. 네덜란드 교육학자인 시몬 데 로스가 지적한 대로 부모에게 사랑받고 있다고 느끼는 아이가 떠올리는 신의 이미지는 사랑하고 보살피는 존재이지만, 그렇지 못한 아이가 떠올리는 신의 이미지는 화를 내고 벌을 내리는 존재이다.

그러므로 부모는 신이나 종교에 대한 아이의 생각에도 지대한 영향을 미친다. 아이가 부모에게 존중받으며 모든 감정을 용인받는다고 느낄수록 신앙심이 굳건해지고, 자신의 영적인 힘에 대한 자각도 커진다.

둘째, 영적·종교적 교육은 함께하는 식사, 기도, 산책 등의 의식으로 구체화된다. 그러므로 의식을 포기하게 되면 영성도 발현되기 힘들다. 끊임없는 의식의 반복은 곧 친밀함과 안전함의 표현이다. 아이의 입장에서 보면 부모가 늘 자기 곁에 있다는 표현인 것이다. 또한 기도는 조건 없이 나를 지지해주는 더 높은 존재가 있다는 의미이기도 하다.

5
아이를 있는 그대로 인정하는 법

삶의 준비가 아닌 삶 그 자체로서의 교육

아이들은 독자적인 존재다. 부모의 실패나 좌절을 보상해주는 대상이 아니다. 아이들은 자신만의 경험을 쌓아야 하고, 그 과정에서 때로는 넘어지며 쓴맛을 보기도 해야 한다. 아이들에게 필요한 건 부모의 열린 태도와 믿음이다. 프랑스 시인 폴 클로델은 말했다. "믿음보다 더 인간을 강하게 만드는 것은 없다."

주변을 돌아보면 아이를 최우선으로 생각하는 부모들이 많다. 그들은 아이의 행복을 위해 자신을 희생하는 것이 진짜 교육이라고 생각한다. 아이를 위해서라면 자신의 욕구, 소망, 행복 따위는 포기해도 좋다고 생각한다.

하지만 조건 없는 사랑과 완벽한 헌신은 자기 인격과 자아를 포기하는 것이다. 이런 부모는 대개 스스로에게 과도한 요구를 한다. 언제나 아이에게 필요한 존재가 되고 싶고, 사랑받는 존재가 되고 싶다는 마음을 갖고 있는 것이다. 그 때문에 자아를 인식하지 못한 채 스스로를 홀대한다. 이런 식으로 교육에 몰입한 부모는 눈에 보이지 않는 존재로 전락하고 만다. 늘 아이의 요구에 따라서만 나타나는 존재가 되는 것이다. 하지만 스스로를 제물이자 노예로 만든다면 과연 누가 그런 부모를 존경하고 존중하겠는가. 기껏해야 동정이나 연민밖에 받지 못하게 된다.

아이를 존중하고 싶다면, 아이를 타인을 존중하는 사람으로 키우고 싶다면 부모가 먼저 스스로를 존중하는 법을 배워야 한다. 이 역시 영적 교육에서 중시하는 태도다. 자신을 사랑하고 존중하는 사람만이 타인을 인정하고 사랑할 수 있는 법이다. 또한 자신의 경계를 정하고 본보기를 보일 수 있는 사람만이 타인에게도 경계를 정해줄 수 있는 것이다.

자신을 긍정한다는 것은 자신을 긍정하는 아이를 용인한다는 뜻이기도 하다. 부모가 항상 아이의 마음에 들게 행동하지 않아도 되는 것처럼 아이 역시 늘 부모의 마음에 들게 행동하지 않아도 된다는 사실을 인정해야 한다. 아이에게 경계를 지어주려면, 아이가 그어놓은 경계도 인정할 각오를 해야 한다. 이와 관련해 부모와 아이 모두에게 유익한 다섯 가지 영적 덕목이 있다.

첫째, 아이에게 믿음을 준다. 아이를 과보호해서 비독립적인 존재로 만들어서는 안 된다.

둘째, 아이의 용기를 북돋아준다. 지나치게 감독하며 아이의 사기를 꺾지 말아야 한다.

셋째, 인내심을 발휘한다. 자꾸만 아이를 재촉하며 지시를 내려서는 안 된다.

넷째, 아이를 인정한다. 아이에게 부모가 원하는 역할을 부여해 속박해서는 안 된다.

다섯째, 여유를 갖는다. 완벽주의를 버려야만 아이를 있는 그대로 인정할 수 있다.

아이에게
믿음을 준다는 것

이제 막 성인이 된 카리나는 얼마 전 처음으로 자기 차를 마련했다. 하지만 카리나의 엄마는 처음부터 자동차를 사는 데 반대했다. 그리고 딸이 결국 차를 샀다는 사실을 안 순간부터 신경쇠약에 걸렸다. 사고 날까 봐 걱정이라며 조심하라는 말을 입에 달고 살았다. 아침에 집을 나설 때마다 엄마가 잔소리를 해대는 탓에 카리나는 운전대를 잡는 순간부터 온몸이 굳어 온통 '사고' 생각만 하게 되었다. 그리고 마침내 사건이 일어나고야 말았다. 아마도 부주의 탓이었을 것이다. 차가 길 옆 구덩이로 미끄러지고 만 것이다. 사고가 났을 때 그녀의 머릿속에 맨 먼저 떠오른 생각은 '엄마가 뭐라고 할까?'였다. 손가락에 붕대를 감은 딸을 본 엄마는 곧바로 이렇게 소리쳤다. "거봐, 내가 뭐라고 했니!"

아이들과 이야기를 나누어보면 부모(특히 엄마)가 계속 경고를 하며 아이들을 불안하게 만든다는 사실을 알 수 있다. 부모가 끊임없이 조심하라고 말할 때, 아이는 자신감과 자기 확신을 잃는다. 사기가 꺾이고 주눅이 든 채 부모의 불안한 예언에 사로잡힌다. 물론 객관적으로 볼 때 아이들이 다양한 위험에 노출되어 있는 건 사실이다. 하지만 위험 가능성을 자꾸만 지적한다고 해서 사고가 줄어드는 것은 아니다. 아이들은 스스로를 보호하는 법을 배울 수 있다.

복잡한 상황에서도 독립적으로 행동하고 문제를 해결하는 법을 배울 수 있다. 그러자면 부모가 아이를 놓아주어야 한다. 부모의 격려를 받은 아이들만이 자기 확신과 능력을 보일 수 있다. 아이들에게는 부모의 믿음이 필요하다. 부모의 믿음이 단단할수록, 부모의 격려가 풍성할수록 아이의 원초적 믿음과 자신감은 더욱 커지고 자의식도 자랄 것이다.

하지만 불안한 걸 어떡하느냐고 항변하는 엄마도 있다. 또 조심하라는 말이 자기도 모르게 튀어나온다는 아빠도 있다. 그렇다면 이렇게 말해보면 어떨까? "네가 밖에 나가면 사실 걱정이 돼. 하지만 조심할 거라고 믿어." "걱정은 되지만 잘할 수 있으리라고 믿어." 이 말에는 두 가지 관점이 담겨 있다. 한편으로는 부모의 걱정과 근심을 표현하면서도, 다른 한편으로는 아이에 대한 믿음을 표현하고 있다. 이때 아이들은 대부분 아주 대범하고 주체적인 방식으로 대답한다. "괜찮아요." "처음도 아닌데요, 뭘."

아이에게 믿음을 주려면 우선 정서적으로 안정된 부모 자식 관계를 형성해야 한다. 열일곱 살짜리 아들을 둔 베라 피셔의 사례를 보자. 그녀의 아들은 지난해에 스키를 타다가 사고를 당해 몇 달 동안 휠체어 신세를 졌다. 그런데 올해도 친구들과 스키를 타러 가겠다고 했다. 주의할 테니 염려하지 말라면서 말이다. 그녀는 용기를 내어 아들을 보내주었다. 하지만 자신이 걱정하는 마음도 숨기지 않았다. 그녀는 마음속으로 아들의 수호천사에게 기도를 올리고는 아들에게 이렇게 말했다. "엄마는 널 믿어."

아이에게 애정 어린 위로를 주는 대신 언어의 기저귀로 감싸기 급급한 부모가 있다. 아이가 현실에서 맞닥뜨린 실망감을 애써 모른 척하는 것이다. "또 그랬어? 괜찮아." "엄마가 해줄게." 이런 식으로 부모의 과보호를 받으며 자란 아이는 자신의 능력을 적절하게 평가할 수 없다. 따라서 늘 불안해하고, 경계 넘기를 두려워하며, 새로운 것을 시도하거나 자기 능력을 시험해보지 못한다. 과보호를 받은 아이는 쉽게 체념하고, 실망을 견디지 못하며, 울거나 칭얼거리고, 조금만 힘들어도 부모에게 의존한다.

과보호는 친밀한 관계를 원하는 아이의 욕구에 대해 집착과 상호의존으로 반응하기 때문에 생겨난다. 전전긍긍하는 아이에게는 전전긍긍하는 부모가 있기 마련이다. 이때 부모와 자식은 근심걱정으로 하나가 된다. 그 결과 원초적 신뢰, 안정적인 관계, 경계와 규범에 대한 긍정적인 체험은 사라지고 매사에 주저하고 의존하는 태도만 남게 된다. 또한 새로운 도전을 향한 노력은 부정적인 것으로 각인된다. 미지의 영역은 항상 위험과 동일시되기 때문이다. 과보호를 받은 아이들은 자신을 보호할 기술을 익히지 못했기 때문에 위험에 빠지면 길을 잃고 헤맨다.

부모의 과보호가 응석받이 아이를 만든다. 부모가 모든 것을 먼저 보고 느끼다 보니 아이는 아무런 도전 과제에도 직면할 수 없다. 아이는 스스로 실망을 맛볼 기회조차 없다. 앞에서도 여러 번 강조했듯 분명 아이들에게는 보호와 지원이 필요하다. 하지만 연령과 성장 단계에 맞아야 한다. 아이들이 원하는 것은 게으름뱅이의 나라가 아니다. 애정 어린 위로와 지원이 필요하지만 자기 나름의 길을 가고자 하는 욕구도 있는 것이다.

아이들은 있는 그대로 인정받는 느낌, 이해와 공감을 무제한적인 물질적 지원과 혼동하지 않는 부모, 자극과 도전을 주는 주변 세계, 애정 어린 위로와 온기, 이 모든 것을 원한다. 그리고 무엇보다 아이들에게는 끊임없는 실망과 도전이 필요하다. 이를 통해서만 건강한 자의식을 갖고 현실에 만족할 줄 아는 법을 배울 수 있기 때문이다. 응석받이 아이는 건강한 문제 해결 능력을 배우기 힘들다. 자신이 전지전능하다는 착각, 세상이 자기를 중심으로 돌아간다는 착각을 하기 때문이다. 그 결과 열등감과 과대망상이 번갈아 나타나게 된다. 또한 공감 능력을 키우지 못한 채 '아무도 날 사랑하지 않는다'는 기분에 사로잡힌다. 따라서 아이를 응석받이로 키우지 않으려면 다음 네 가지 사항을 꼭 명심해야 한다.

첫째, 아이를 대신해서 문제를 해결하려 하면 안 된다. 아이가 홀로 설 수 있도록 도움을 주는 것이 중요하다.

둘째, 아이 스스로 책임지게 하고, 아이를 믿는다는 것을 보여줘야 한다.

셋째, 아이에게 좌절을 두려워하지 말고 도전하라고 격려해야 한다. 물론 아이가 좌절에 직면하면 적극 지원해야 한다.

넷째, 부모와 아이가 서로를 존중하며 믿을 수 있는 경계를 정해 줘야 한다.

아이들은 응석받이가 되고 싶어 하지 않는다. 아이들이 진정으로 원하는 것은 믿음이다.

아이들은
동정보다 용기를 원한다

여섯 살 페터는 카자흐스탄에서 왔다. 처음 몇 주 동안 유치원에서 멍한 표정으로 조용히 앉아 있기만 했다. 선생님 눈에는 아이가 슬퍼하는 것 같았다. 아이가 자주 울었고, 놀이에도 참여하지 않았으며, 참여를 권해도 거부했기 때문이다. 그리고 아이가 선생님만 쳐다보는 것 같았다. 선생님은 아이가 불쌍했다. 몇 주 후, 선생님은 아침마다 10분 동안 아이를 품에 안아주었다. 적응을 돕기 위해서였다.

처음에는 아이도 좋아하는 것 같았다. 하지만 얼마 지나지 않아 아이는 선생님 품에 안기는 순간부터 울기 시작했다. 날이 갈수록 울음이 격해졌지만, 다시 제자리로 돌아가면 울음을 그쳤다. 아이의 감정 분출은 날이 갈수록 심해져서 나중에는 유치원만 보여도 울음을 터뜨렸다. 선생님의 품에 안겨 있는 동안에도 계속 훌쩍거

렸고, 그러다 다시 제자리로 돌아가면 진정되었다. 그러는 사이 여름방학이 되었다. 방학이 끝나고 다시 유치원이 문을 여는 날 아이의 할머니가 찾아왔다. 아이가 다시 유치원에 가야 한다는 소리를 듣고는 절대 안 가겠다며 울음을 터뜨렸다는 것이다. 할머니는 당황했다. 다들 아이를 좋아하고 잘 대해주는데 안 가겠다니 도무지 그 이유를 알 수가 없었다. 아이도 유치원에 있는 모든 사람이 잘해준다는 사실을 인정하고 있었다. 할머니는 그러면 도대체 왜 가지 않겠다는 것이냐고 물었다. 그러자 아이가 울음을 뚝 그치고는 단호한 목소리로 말했다. "아침마다 선생님 품에 안겨 있어야 하잖아요. 너무 꼭 안아서 숨이 막혀요. 난 아기가 아니에요. 아기처럼 품에 안기고 싶지 않아요. 난 형이라고요."

아이가 두려워하고 불안해하면, 이를 지켜보는 어른은 충동적으로 정서적 반응을 보이기 쉽다. 아이가 어쩔 줄 몰라 하며 독립적이지 못한 모습을 보이면 더 적극적으로 개입해 돕고 싶어지는 것이다. 하지만 조금 거칠게 표현하면, 아이들에게는 동정이 필요하지 않다. 동정한다는 건 아이를 존중하지 않는 뜻이다. 동정은 아이를 허약하고 무기력하게 만든다. 동정은 건강한 감정이 아니다. 동정은 아이의 용기를 꺾고 아이를 소극적으로 만든다.

아이에게 인생의 긍정적이고 행복한 면만 보이려고 하면, 아이는 삶의 다양성을 체험할 기회를 빼앗긴다. 힘겹고 불행한 상황에 직면해보고 이를 극복해본 경험이 있는 아이들만이 행복이 무엇인지 알 수 있는 법이다. 또한 그런 상황을 혼자 힘으로 이겨냈을 때에만 두려움에 내포된 생산적인 힘을 느낄 수 있는 것이다.

상대를 진지하게 생각하는 사람은 결코 동정하지 않는다. 동정은 상대의 고통을 더 크게 만들 뿐이다. 위기 상황에 직면한 아이들에게 필요한 건 공감을 바탕으로 한 지원이다. 즉, 슬픔과 고통이 있어도 존중받을 수 있다는 믿음이 필요한 것이다. 그럴 때 비로소 아이들은 실망과 좌절을 견딜 수 있다. 하지만 동정은 아이가 자발적으로 문제를 해결하는 데 전혀 도움이 되지 않는다. 동정은 아이에게 너무 협소한 경계를 그어준다. 아이를 가엾고 약한 존재로 바라보며 과소평가하기 때문에 아이의 창조적 능력을 무시하기 십상이다.

반면 공감은 아이의 힘을 키워준다. 공감은 아이가 자립할 수 있도록 도와주며, 위기 상황을 극복하는 데 초점을 맞춘다. 동정은 아이의 기를 죽이지만, 공감은 아이의 용기를 북돋아준다. 동정은 아이를 홀로 버려두지만, 공감은 아이를 지원한다. 동정은 아이의 사기를 꺾지만, 공감은 아이 스스로 책임질 수 있도록 격려해준다.

아이의 용기를 북돋아주는 일은 단순한 기술이 아니라 꾸준한 성찰을 요하는 작업이다. 무엇보다 아이에 대한 믿음이 필수 조건이다. 아이를 믿어야 아이의 자신감이 커진다. 아이가 자신의 불완전함을 인정하고, 실수를 용인하며, 실패를 받아들일 수 있어야 한다. 그러자면 변화할 수 있다는 희망을 버리지 말아야 한다.

열네 살 토마스는 이번에 중학교에 들어갔다. 그런데 사춘기가 왔는지 학교 성적이 자꾸 떨어진다. 초등학교 때는 공부를 곧잘 하더니 갑자기 공부에 흥미를 잃어버렸다. 아버지는 걱정이 이만저만이 아니다. 자신이 대학을 나오지 못해 고생했기 때문에 아이만은 꼭 좋은 대학에 보내 출세시키고 싶은 것이다. 그래서 아버지는 아들의 여가 활동을 완전히 없앴다. 그리고 저녁에 두 시간씩 아이와 함께 공부했다. 하지만 그때뿐이고 돌아서면 전혀 공부를 하지 않았다. 아버지는 너무 화가 난 나머지 4일 외출 금지 명령을 내리기도 했다. 하지만 아버지의 단호한 조처에도 토마스는 전혀 신경 쓰지 않았다. "학교에 가면 아무 생각이 안 나요. 제가 나쁜 성적을 받으면 아빠가 어떤 표정을 지을지 궁금하네요. 당황하시는 모습을 보면 기분이 좋아질 것 같은데요." 왜 아이의 감정이 이렇게 엇나가게 된 걸까? 혹시 아버지에게 칭찬을 들은 적은 없는지 물었다. "들어봤죠. 그런데 항상 말속에 뼈가 있어요." 토마스가 딱 한 번 1등한 적이 있는데, 아버지가 낮은 신음소리를 내며 이렇게 말했다는 것이다. "만날 이러면 얼마나 좋아. 봐, 열심히 하니까 되잖아."

아이들은 귀가 밝다. 아이들에게 말할 때는 그 사실을 잊지 말아야 한다. "만날 이러면 얼마나 좋아" 대신 "정말 잘했구나. 우리 아들 최고야"라고 말했다면 훨씬 더 용기를 북돋아주었을 것이다. 용기를 북돋아주면 아이의 자존감만 자라는 것이 아니다. 절망을 이기는 힘도 성장한다. 다시 한 번 말하지만 불완전함도 성장의 일부라는 걸 인정해야 한다. 아이 내면의 가치에 관심을 갖고, 아이가

가진 능력을 스스로 인식할 수 있도록 자신감을 불러일으켜줘야
한다.

몸으로 세계를
경험하는 일의 중요성

아이들은 주변 사람은 물론이고 자연을 비롯한 주변 세계와도 하나라고 느낀다. 따라서 아이들은 자기 몸을 느끼고, 경험하고, 시험해보고 싶어 한다. 아이들은 자신이 정복하고 변화시킬 수 있는, 말 그대로 만지고 파악할 수 있는 세계를 사랑한다. 그 과정에서 기초적인 영적 체험이 가능하다. 맨발로 잔디밭을 걸으며 발바닥에 와 닿는 풀을 느껴보고, 웅덩이에 뛰어들어 물의 감촉을 느껴보고, 먹이를 짊어지고 가는 개미를 관찰해보고, 아픈 강아지에게 연민을 느껴보고, 숨이 차도록 빨리 달리며 땀을 흘려보고, 손발이 꽁꽁 얼도록 칼바람을 맞아본다. 이런 영적 체험은 아이들의 신체적·정신적 성장에 필수적이다.

조금만 먼 거리도 제 발로 걷지 않고 차를 타고 다니는 아이는 시공간 감각이 흐트러진다. 당장 눈에 띄는 변화가 나타나지는 않겠지만, 분명 아이의 일상에 영향을 미친다. 예를 들어 차를 타고 다니면 등하굣길은 항상 같은 시간과 공간에 지나지 않게 된다. 따라서

반드시 그럴 필요가 없는데도 아이를 차에 태워 학교에 보내면 아이의 시간 인식과 공간 체험에 개입하는 셈이 된다.

걸어서 학교에 가면 지각하지 않으려고 집중해서 빨리 걷게 된다. 목표 의식이 투철해져서 한눈을 팔지 않는다. 따라서 객관적 현실에 맞는 시간 관리 능력을 기를 수 있다. 하지만 자동차를 타고 가면 그런 경험을 할 기회가 없어진다. 게다가 가정교육이 등하굣길까지 연장될 수도 있다. 집으로 돌아오는 길에 아이들은 빈둥거리고 어슬렁거릴 수 있다. 걸음을 멈추고 주위를 살피며 아침에 보지 못했던 많은 것을 볼 수 있다. 때로는 등교할 때와 다른 길로 빙 둘러가며 새로운 것을 발견할 수도 있다. 그 과정에서 학교에서 겪었던 일을 되새겨보기도 하고, 친구와 함께 선생님 흉을 볼 수도 있으며, 다른 아이와 우정을 쌓거나 싸움을 벌일 수도 있다. 걸어 다님으로써 주변 세상을 혼자 힘으로 부딪쳐볼 수 있는 것이다.

아이가 경험할 수 있는 길을 제한하면, 걷고 서고 뛰고 달리고 기어오르며 스스로 균형을 잡을 기회를 박탈하게 된다. 몸과 인식은 분리된 것이 아니다. 걷고 달려야 온몸으로 감각을 인식할 수 있다. 아이는 다양한 동작을 통해 자신의 몸과 주변 세상을 알아간다. 비 오는 날의 등굣길은 햇살이 쨍쨍한 날과 다르고, 혼자 돌아오는 날의 하굣길은 친구들과 함께 걷는 날과 다르다.

길을 걷는다는 것은 경계를 경험한다는 의미다. 몸을 움직이는 것은 자아의 성장과 연관돼 있다. 따라서 그 길을 자동차로 달리게 되면 아이의 심리와 운동 능력에 영향을 미친다. 아이의 공간 체험을 제한하게 되고, 아이의 운동 욕구를 억제시키게 된다. 그러면 아이가 충동적인 행동을 하게 될 위험이 높아진다. 나아가 아이를 차에 태워 이런 저런 학원에 데려다준다면, 그 아이는 자발성을 키울 기회를 얻지 못한다. 아이를 믿지 못하는 만큼, 아이를 놓아주지 못하는 만큼 아이는 오랫동안 미성숙 상태로 남게 될 것이다.

아이를 있는 그대로 인정하기

영적 태도를 몸소 실천하는 부모라면 아이에게 어떤 역할도 지정해주지 말아야 한다. 외동아들을 둔 한 엄마의 사례를 들어보자. 파울의 엄마는 아이의 모든 행동을 '외동아들'이라는 관점에서 바라본다. 늘 엄마의 머릿속에는 주변에서 들어온 외동아이의 특징이 나열된다. 이기적이고, 자기중심적이고, 사회성이 없다는 외동아이의 특징 말이다. 파울이 하는 모든 행동은 그런 관점에서 평가된다. 파울에게도 당연히 반항기가 찾아올 텐데, 엄마는 여전히 이를 객관적으로 보지 못한 채 아들의 모든 행동을 외동아이인 탓으로 돌린다. 상황이 이렇다 보니 엄마는 늘 아이의 행동을 바꾸기 위해 노력한다. 아이를 온갖 어린이 단체에 가입시키고, 체험 프로그램에 끌고 다니고, 친구들을 집으로 초대한다. 파울은 그런 엄마를 보며 마음속으로 소원을 빈다. '제발 혼자 있게 해주세요!' 엄마를 불안하게 만드는 건 아이의 행동이 아니다. 문제가 되는 건 아이의 행동을 본 엄마의 마음이다. 외동아이에 대한 시나리오를 쓰지 말고 자기 아이를 그저 있는 그대로 받아들이는 것이 더 생산적인 태도다. 장점과 약점을 모두 가진 한 인간으로 보는 것이 중요하다.

다른 예를 들어보자. 자기 아이를 문제아로 만드는 부모들이 많다. 늘 아이에 대해 '걱정거리'라고 말한다. 이런 부모들을 관찰해보면 정말 아이가 걱정거리인지 부모가 걱정거리인지 알 수가 없다. 아이에게서 오직 문제점만 찾기 위해 혈안이 되어 있는데 보이지 않을 리가 없다. 하다못해 축 처진 어깨, 생각에 빠진 표정, 기어들어가는 목소리도 다 문제다. 아이에게서 마음에 안 드는 행동만 골라 찾아내기 때문에 아이의 장점은 눈에 들어오지 않는다. 이는 아이의 장점과 단점을 모두 있는 그대로 받아들이는 영적 교육과 정반대되는 태도다. 아이에게 용기를 북돋아주려면 아이의 약점을 없애기 위해 사력을 다하기보다는 아이의 강점에 집중해야 한다. 아이들에게 용기를 주는 영적 교육이 필요하다. 영적 교육은 아이에게서 예상치 못한 힘을 이끌어낸다.

영적 교육은 아이를 속박하지 않고, 아이에게 역할을 지정해주지 않는다. 영적 교육은 부모와 아이 모두에게 변화된 시각을 제공한다. 아이가 자기 역할을 규정받아 자화상을 만들고 나면, 그 역할은 쉽게 변하지 않는다. 어른들을 보면 잘 알 수 있다. 어릴 때의 별명대로 평생을 '덜렁이'로 사는 어른들이 적지 않다.

자식을 키우는 부모는 두 아이를 상대하는 셈이다. 하나는 내 안의 아이이고, 다른 하나는 말 그대로 내 아이다. 내 안의 아이와 건강한 관계를 맺고 있을수록, 어릴 적 자신이 성취한 것과 실패한 것이 무엇인지 잘 이해할수록, 자신의 인생에서 긍정적인 순간들이 얼마나 많았는지 깨달을수록, 자식을 통해 결핍을 보상받고 채울 필요가 없어진다. 하지만 많은 부모들은 이런 말을 입에 달고 산다. "내가 바라는 건 네가 잘되는 것뿐이야." 열한 살인 바바라는 얼마 전 엄마가 그런 말을 하자 이렇게 물었다. "내가 잘되는 걸 엄마가 바라면 난 뭘 바라야 하지?"

아이들은 독자적인 존재다. 부모의 실패나 좌절을 보상해주는 대상이 아니다. 아이들은 자신만의 경험을 쌓아야 하고, 그 과정에서 때로는 넘어지며 쓴맛을 보기도 해야 한다. 아이들에게 필요한 건 부모의 열린 태도와 믿음이다. 프랑스 시인 폴 클로델은 말했다. "믿음보다 더 인간을 강하게 만드는 것은 없다."

아이들은 부정적이고 일방적인 평가를 원치 않는다. 문제의 원인을 아이에게 전가시키면, 아이는 그 이미지에 종속된다. 바람직한 아이와 바람직한 행동을 미리 설정해놓고 거기에 현실을 구겨 넣으면 아이는 쉽게 '문제아'가 되어버린다. 그리고 아이는 부모가 만든 틀에서 쉽사리 빠져나오지 못한다. 그 틀에서 벗어나는 일은 전혀 시도하려 들지 않는다. 부모와 교사는 아이들에 대해 '행동 과잉' '상상력 부족' '집중력 장애' 등 이런저런 평가를 늘어놓지만, 사실 이는 평가가 아니라 낙인에 가깝다.

 아이에 대한 온갖 불만으로 가득한 어른들에게는 이렇게 물어보아야 한다. "아이의 장점은 없나요?" "좋은 점도 많겠죠?" 그럼 질문을 받은 사람은 깜짝 놀라 잠시 생각할 시간을 달라며 입을 다문다. 대부분 나쁜 짓을 하다가 들킨 사람 같은 표정을 짓지만, 평소의 관찰 방식에서 한 걸음 물러나 안도의 한숨을 내쉬는 경우도 있다. 부모는 시야를 확대함으로써 아이의 인성을 정확히 깨닫게 된다. 지금까지 미처 보지 못했던 부분이 눈에 들어오기 때문이다.

 부모는 눈에 보이는 행동만을 평가해서는 안 된다. 하지만 많은 부모가 싸우면 안 된다든가 욕을 하면 안 된다는 등 자신이 생각하는 행동 규정을 바탕으로 아이를 평가한다. 그러고는 아이의 단점이나 공격성을 무조건 거부한다. 자신이 바라는 행동이 아니기 때문이다. 부모는 자신이 생각하는 현실의 조화를 깨뜨리는 모든 행동은 부정적으로 해석해 거부하고 규제한다. 그런 행동은 틀에 따라 분류되고, 아이는 그 분류 체계에서 벗어날 길이 없다. 그러다 보면 아이에게 숨어 있는 긍정적이고 건강한 인성은 거의 인지되지 못한다.

 대개 문제는 아이에게 있는 것이 아니라 아이를 다루는 어른에게 있다. 따라서 부모나 교사에게 아이의 행동을 바라보는 다른 시각을 제공하는 것이 중요하다. 이를 통해 현실을 더 적절한 방식으로 관찰하게 하여, 어려운 상황에서도 해결책을 찾고 아이에 대한 올바른 이미지를 갖도록 만들어야 한다. 아이가 자신의 본성에 맞게 행동한다고 생각해야 해결책을 찾을 수 있다. 무엇보다 아이들의 행동 규칙을 인식하는 것이 중요하다. 또한 자신이 부모 자식 관계를 규정하는 입장이 아니라 관계의 한 부분을 이루고 있을 뿐임을 인식하면 해결책과 변화는 저절로 나타난다. 더 이상 자신의 기분과 아이의 변덕에 속수무책으로 당하지 않아도 된다. 문제 행동의 원인을 완벽하게 인식하지는 못했다 하더라도 관점을 바꾸면 상황을 변화시킬 수 있다. 물론 이 방식이 만병통치약은 아니다. 하지만 아이에게 다가갈 수 있는 다른 가능성을 제공해주는 것만은 분명하다.

관점을 변화시키는 것은 생각보다 어렵지 않다. 그저 자신의 직관, 창의성, 내면의 힘을 믿으면 된다. 어린아이처럼 되지 않으면 하늘나라에 들어갈 수 없다는 예수의 말은 아이처럼 유치해지라는 뜻이 아니다. 한 사람의 내면에서 활활 타오르는 창의성의 불길을 느껴보라는 것이다. 그런 의미에서 아이의 영성은 어른이 다른 시각을 취하도록 도와줄 수 있다.

마법을 배우는 것도 좋은 방법이다. 누구나 마법을 부릴 수 있다. 마법은 예상치 못한 엄청난 힘을 방출한다. 알베르트의 예를 들어보자. 그녀는 종종 부모 워크숍에 나가 신세타령을 늘어놓곤 한다.

직장에서는 스트레스에 시달리고, 물질적으로는 어렵고, 마음은 허하다고 말이다. 게다가 그녀도 남편도 늘 실직 위험에 노출되어 있다. 그 때문에 자주 다투게 되고 언성을 높이는 날이 많다. 이야기를 듣던 워크숍 강사는 만약 상황이 완전히 달라진다면 기분이 어떨 것 같으냐고 물었다. 그러자 그녀는 마법에 걸린 기분일 거라도 대답했다. 그러자 강사가 말했다. "그럼 마법을 거세요. 마법의 날을 만들면 되죠." 그녀는 말도 안 되는 황당한 소리라고 생각했다. 집에 돌아와 남편에게 이야기하니 그 역시 어이없다는 반응을 보였다. 그리고 며칠 후 그녀는 너무 기분이 안 좋았다. 스트레스가 심한 날이었던 것이다.

"미칠 것 같아서 악을 썼어요. 그런데 갑자기 남편이 이러는 거예요. '이제부터 마법을 걸어 저 고함소리를 날려버릴 거야.' 어이가 없었어요. 아이들도 같은 심정이었는지 야유를 퍼부었죠. 그런데 이상하게도 마음이 가라앉더라고요. 우리는 앞으로 어떻게 마법을 부릴 수 있을까 각자 아이디어를 내놓았어요. 그러다가 종이를 접어 고함소리를 잡아먹는 악어 한 마리를 만들었답니다. 식구들 중 누군가 화가 나서 고함을 지르면 다른 식구가 악어를 들고 오는 거죠. 물론 그 방법이 항상 통하는 건 아니에요. 그래도 일주일에 한두 번은 통합니다. 요즘에는 뭔가 분위기가 심상치 않다 싶으면 아이들이 얼른 달려가 악어를 가져옵니다. 물론 현실 상황은 달라진 게 없어요. 그래도 속수무책으로 그 상황에 빠져 있다는 생각은 안 들어요. 그리고 내가 원한다면 뭔가 달라질 거라는 생각도 들고요. 그게 좋은 거죠."

가족이 처한 물질적 가난이나 감정적인 문제를 외면하거나 미화하라는 말이 아니다. 위기 상황도 조금만 노력하면 금방 해결된다는 말을 하고 싶은 것도 아니다. 다만 개인이 해결하기 어려운 여러 복잡한 문제들에 직면해 있을 경우, 한 가지 문제에 집중하면 속수무책이라는 기분이 훨씬 줄어든다는 것이다. 그 문제의 해결책을 모색하면서 책임감을 느끼고 자존감을 키울 수 있을 뿐 아니라 열등감도 줄어들 것이기 때문이다.

알베르트의 가족이 실천한 마법은 '해결 지향적 행동'의 장점을 여실히 보여준다. 이를 통해 가족은 문제를 해결하기 위해 함께 걸어갈 수 있다. 물론 마법이 스트레스의 원인을 없애지는 못한다. 하지만 아무것도 할 수 없다는 무기력한 마음자리에 변화된 관점을 가져다준다. 복잡한 현실 문제와 비교하면 너무 작은 실천이긴 하지만, 그래도 변화를 위해 무언가를 실행에 옮기려는 노력 자체가 중요한 것이다. 물론 사례에 나온 해결책이 모든 가족에게 해당하는 것은 아니다. 각 가족의 특수성을 고려하여 저마다 다른 방식의 마법을 찾아야 한다.

지금 이 순간을
사는 여유

교육은 힘든 여정이다. 앞으로 나가지 못한 채 제자리걸음을 할 때도 많다. 그럴수록 여유를 가지고 영적인 태도를 잃지 말아야 한다. 그런 태도가 마법처럼 갈등을 해결해주는 것은 아니지만 고단한 교육의 일상을 견딜 수 있게 해주는 것만은 분명하다. 석가모니는 말했다. "문제가 있거든 문제를 풀려고 애써라. 풀지 못하겠거든 문제로 삼지 마라."

불완전할 수 있는 용기야말로 마법의 주문이 될 수 있다. 자신과 아이의 실수를 인정하면 교육에서 오는 스트레스도 줄고 아이와의 관계도 건강하게 변한다. 불완전함을 용인하는 것이 무관심과 방임을 의미하는 것은 아니다. 지켜야 할 경계는 분명히 있다. 아이의 지적·정서적 발달을 저해하고, 자존감과 정체성 형성을 가로막는 행동을 해서는 안 된다. 신체적 폭력은 당연히 있을 수 없는 일이며, 나아가 아이를 방치하고 거부함으로써 정서적으로 억압해서도 안 된다.

'불완전할 수 있는 용기'란 실수를 기회 삼아 에너지를 투자한다는 의미다. 슈뢰더 부인은 자신도 모르게 아이에게 화를 낼 때가 있는데, 그럴 때면 화가 누그러진 후 반드시 아이들에게 사과한다고 한다. 프로스트 부인도 비슷한 경험담을 털어놓는다. "화를 잘 냈거든요. 도저히 안 되겠다 싶어 아이들한테 말했지요. '자꾸만 화내서 미안하다. 엄마가 화를 안 내게 너희들이 도와줘야겠어.' 그런데 첫째 아이가 어디서 지진계 이야기를 들었는지, 제가 화내는 정도가 보통은 중간급 지진이라고 하더군요. 눈금이 1에서 6까지 있는데 1은 기분이 좋은 거고, 6은 터지기 일보 직전이라는 뜻이래요. 그러고는 저에게 기분이 안 좋은 날에는 눈금이 어느 정도인지 말해달라더군요. 그러면 자기들이 엄마 상태를 알아채고 조심하겠다는 거예요. 너무 귀엽고 기특했어요. 그다음부터는 지진계 이야기 때문에 자주 웃습니다."

이는 불완전할 수 있는 용기를 아주 구체적으로 설명한 사례다. 잘못했다는 고백에는 앞으로 상황을 바꾸고 싶다는 소망이 담겨 있다. 문제 상황을 변화의 계기로 삼는 것이다. 문제의 원인에 집착하기보다는 해결책을 찾는 데 시선을 집중시키는 것이다. 그리고 해결책은 대개 여유를 찾는 데서 따라 나온다. 여유를 가짐으로써 문제 해결에 도움이 되는 능력을 전면에 부각시킬 수 있다.

여유를 가진다는 건 창의적인 방식으로 도전과 갈등에 다가간다는 의미이기도 하다. 또한 자신을 있는 그대로 받아들인다는 의미기도 하다. 아이를 있는 그대로 받아들여야 하듯이 부모도 자신을 있는 그대로, 세상에 단 하나뿐인 존재로 받아들여야 한다. 페스탈로치가 아이들을 비교하지 말라고 했듯이 부모도 자신을 다른 부모와 비교해서는 안 된다. '저 집은 화목한데 우리는 왜 이럴까?' '저

집 부모는 아이를 잘 다루는데 나는 왜 이럴까?' 늘 타인을 향해 있는 시선은 스트레스를 불러온다. 아이도 못마땅하고 자신도 못마땅하다. 부모들에게 잘할 수 있는 게 무엇인지, 어떤 능력과 장점을 가졌는지 물어보면 대부분 당황스런 표정을 지은 채 침묵으로 일관한다. 하지만 약점이 무엇인지, 잘못한 점이 무엇인지 물으면 봇물 터지듯 자기 이야기를 한다.

여유에는 또 다른 영적 차원이 있다. 바로 지금 이 순간을 살고자 하는 것이다. 이는 타고르가 '교육은 인생의 준비가 아니라 인생 그 자체'라고 말한 것과도 맞닿아 있다. 부모들과 이야기를 나누어보면 그들의 시선이 항상 미래를 향해 있다는 것을 알 수 있다. 미래의 안경을 쓰고 아이를 바라보면 지금 이 순간을 놓치게 된다. 때로 나는 부모들이 타고난 염세주의자가 아닌가 하는 인상을 받는다. 자기 아이들의 미래를 너무나 암울하게 예상한다. 부정적인 생각이 들수록 밝은 관점으로 바라보는 것이 중요하며, 교육의 힘을 지금 이 순간에 집중해야 한다. 미래에 대한 장밋빛 환상이 위험하듯 비관적인 전망 또한 위험하다.

찰리 채플린의 영화에 나오는 주인공들을 한번 떠올려보라. 그들은 늘 무언가를 추구하고 그 과정에서 좌절하기도 하지만 곧 자신을 믿고 다시 용기를 낸다. 어린아이 같은 강인함과 자신감을 갖고 이겨내겠다는 의지가 있다. 그들은 아무리 넘어져도 다시 벌떡 일어서는 오뚝이들이다. 채플린의 영화는 대부분 독특한 해피 엔드로 막을 내린다. 전면에 있던 주인공들이 배경으로 물러나면서 신의 빛이 그들을 감싼다. 아이와 영적으로 동행하는 부모에게는 그런 시각이 필요하다.

부모에게도 부모 이전의 삶이 있었다. 한 남자와 여자로서 서로를 사랑하고 인정하던 삶이 있었다. 따라서 가끔 부모에게도 아이 없이 즐길 수 있는 시간이 필요하다. 교육의 일상에서 벗어나 자신만을 위해 쓸 수 있는 시간이 필요하다. 때로는 아이를 떼어놓고 오로지 부모 자신만을 위한 시간을 누려보자. 아마 다시 만난 '꼬마 괴물'을 반가운 마음으로 맞이할 수 있을 것이고, 아이를 이끄는 데 필요한 여유를 되찾을 수 있을 것이다. 아이들은 자기 자신을 아낄 줄 아는 부모를 더 좋아한다. 자신을 아끼는 마음은 곧 아이에 대한 배려와 사랑으로 이어지기 때문이다. 부모에게 여유가 있어야 교육이 수월해지고, 교육의 열매도 더 풍성해지는 법이다.

의식의
가치에 대하여

의식과 영성은 떼려야 뗄 수 없는 관계다. 앞에서도 강조했듯이 아이들에게는 의식이 필요하다. 의식이 방향을 제시해주고, 두려움도 쫓아주기 때문이다. 아이들에게는 스스로 의식을 만드는 시기가 있다. 보도블록의 돌을 밟을 때 하나씩 건너뛴다거나 횡단보도의 선을 꼭 밟고 지나가는 것도 의식이다. 어른들의 눈에는 우습게 보일지 몰라도 아이들에게는 매우 중요하다. 위험하고 복잡한 세상에서 버팀목을 찾는 아이들만의 방식이기 때문이다. 그리고 대개 아이들은 밤을 무서워한다. 따라서 밤이 되어 잠자리에 들 때는 두려움을 덜어줄 아이들만의 의식이 필요하다. 이를 통해 아이들은 안전하다는 느낌을 받는다.

의식에는 마법적인 요소가 들어 있다. 마법이란 신의 영향력을 경험하려는 노력이다. 옛 사람들은 서로에게 장신구를 선물했다. 예를 들어 베네딕트 십자가가 있었다. 그것을 목에 걸고 다니면 위험을 막아줄 것이라고 믿었다. 요즘에는 그런 행위를 미신이라고 치부하는 사람들이 많겠지만, 그럼에도 신의 도움을 경험하고 싶은 마음은 옛날이나 지금이나 다르지 않을 것이다. 이를 신학적으로 올바르게 해석하면, 베네딕트 십자가가 신비한 힘을 발휘하는 것이 아니라 그것을 통해 우리를 보호하고 지켜주는 신을 상기한다는 의미일 것이다. 즉, 예수 그리스도의 십자가를 통해 우리를 지켜주는 신의 존재를 느끼는 것이다. 어떤 아이는 마리아상을 통해 위안을 얻을 것이고, 또 어떤 아이는 엄마의 사랑을 상징하는 돌 하나로도 만족할 것이다. 엄마가 아이에게 돌을 주면서 이렇게 말하는 거다. "이 돌에 엄마가 들어가서 너를 지켜줄 거야. 어디를 가나 네 곁에서 사랑하고 아껴줄 거야." 곰 인형이 마법의 대상이 될 수도 있을 것이다. 아이는 곰 인형을 어디에나 들고 다니며 자신의 비밀과 고민을 털어놓을지도 모른다. 아이들에게는 꼭 붙잡고 의지할 것이 필요하다. 십자가와 돌과 인형은 아이에게 그런 상징이다. 혼자라고 느낄 때 그런 상징을 통해 엄마가 곁에 있다는 안도감, 아빠가 든든히 지켜준다는 확신을 느끼는 것이다.

심리학에서는 이행 의식이라는 말을 한다. 한 사람의 인생에서 가장 중요한 이행은 탄생, 성년, 중년, 은퇴, 죽음일 것이다. 이행은 사람들에게 두려움을 안겨주기 때문에 의식이 중요해진다. 아이들에게는 아침과 저녁, 집을 떠날 때와 집으로 돌아올 때가 가장 중요한 이행 순간일 것이다. 따라서 아침과 저녁의 의식이 중요하다. 밤이 되면 아이들은 멋진 의식을 갈망한다. 엄마, 아빠가 곁에서 책을 읽어주거나, 기도를 해주거나, 머리에 손을 얹어주지 않으면 잠들지 못하는 아이들도 많다. 한 여성은 어린 시절 밤마다 머리맡에서 기도하며 손을 얹어줬던 아빠의 따뜻하고 묵직한 느낌을 지금도 생생히 기억한다고 말했다. 그리고 그녀를 축복하며 신의 가호를 빌어주던 아빠의 중후한 목소리도 잊을 수 없다고 말했다. 아빠의 몸짓은 그녀에게 오랜 세월 동안 사랑과 안전과 보호의 상징이 되었다. 아이들은 잠자리에 들 때면 무서운 꿈을 꿀까 봐 겁낸다. 의식은 그런 공포심을 덜어주며, 부모가 항상 곁에서 지켜준다는 확신을 준다. 아이들은 항상 같은 동화를 읽어주기를 바라고, 같은 기도를 해주기를 원한다. 그것이 안도와 확신을 주기 때문이다. 의식을 반복함으로써 자신이 안전하다는 느낌을 받는 것이다.

아침 의식도 밤 의식 못지않게 중요하다. 아침 의식은 부모가 부드러운 미소로 아이를 깨우는 데서 시작된다. 그리고 아침 식사를 하기 전에 함께 기도하고, 아이가 집을 나설 때는 따뜻한 말로 축복의 인사를 전한다. 하지만 꼭 말로 표현하지 않더라도 아이의 머리에 손을 올린다거나 아이를 꼭 안아주며 이마에 성호를 그어주는 것만으로도 충분하다. 성호는 친밀함의 표현이다. 신이 네 모든 것을 사랑하신다는 표현이자 너는 보호받고 있다는 표현이다.

그런데 요즘에는 아침 의식을 치르는 가정이 점점 줄어들고 있다. 축복은커녕 부모의 성화만 난무한다. "빨리 좀 해. 너 때문에 다 기다리잖니. 네가 꼼지락대는 바람에 엄마 지각하겠다." 사실 이런 말들은 저주와 다를 바 없다. 아이의 마음과 영혼에 상처를 입히는 것이다. 아이들에게는 축복이 필요하다. 그래야 자신의 선한 본성을 믿을 수 있고, 안전하다는 느낌으로 하루를 시작할 수 있다.

문턱 의식

예전에는 문턱 의식이 말 그대로 교회나 집의 문턱을 넘어가는 의식이었다. 문턱을 지키는 성자는 성 크리스토포루스였다. 그래서 그의 초상화가 대성당 출입구 벽에 실물 크기로 그려져 있었다. 성당 문지방을 넘어 바깥으로 나가는 사람이 그의 보호를 받아 무사하기를 기원한다는 뜻이었다. 고대에도 문턱 의식이 있었다. 사원의 문지방을 넘으려면 먼저 몸을 깨끗이 해야 했다. 성전으로 들어가거나 성전에서 나오기 위해 문지방을 넘는 것은 의식을 동반하는 영적 행위였다. 가톨릭 문화권에서는 지금도 문턱 의식을 행하는 경우가 많다. 성당에 드나들 때 성수를 찍어 성호를 긋는 것이다. 들어갈 때는 자신에게 달라붙은 더러움을 지우기 위해서이고, 나갈 때는 자신을 보호하기 위해서이다. 예전에는 자기 집 문턱을 넘을 때도 같은 의식을 행했다. 따라서 가톨릭 신자들의 집 입구엔 성수반이 놓여 있었고, 집에 드나들 때마다 성수를 찍어 성호를 그었다. 옛 사람들은 문턱 의식을 통해 자신의 마음을 읽었다. 그리고 밖의 일을 집에 끌고 들어가지 말자고 다짐했다.

아이들은 문턱 의식을 본능적으로 원한다. 그래서 집으로 돌아왔을 때는 엄마가 인사를 건네며 안아주기를 바라고, 집을 나설 때는 부모가 축복해주기를 바란다. 또한 아이들은 부모가 일을 마치고 집으로 돌아올 때, 몸은 물론이고 마음까지 온전히 가지고 돌아오기를 바란다. 의식은 하나의 문을 닫고, 하나의 문을 연다. 몸은 집에 돌아왔지만, 마음은 직장의 문을 닫지 못한 채 돌아오는 부모들이 많다. 여전히 마음은 직장에 가 있는 것이다. 그것은 부모 자신에게도 좋지 않다. 직장의 문을 닫지 못하면, 가정의 문을 열 수 없다.

아이들은 그 사실을 당장 알아차리고 불안해하며 칭얼거린다. 부모의 마음이 딴 데 가 있다는 사실을 알리고 싶은 것이다. 그래서 자꾸만 매달리며 이거 해 달라 저거 해 달라 성화를 부린다. 하지만 부모는 아이가 그러는 진짜 이유를 모른 채 짜증만 낸다. 이런 악순환이 계속되다 보면 부모는 집에 돌아오는 것이 부담스러워지고, 밖에서 죽도록 일하는데 집에 와서까지 아이들한테 시달려야 하나 회의감이 든다. 하지만 부모가 직장의 문을 닫고 온전히 집으로 돌아오면 아이들은 전혀 다르게 반응한다. 부모가 주는 애정에 금방 만족하게 된다. 그러면 부모도 당연히 집을 휴식의 공간으로 즐길 수 있게 된다.

의식은 아이들에게 안식을 준다. 이는 크리스마스 같은 의식에서도 잘 드러난다. 의식을 통해 아이는 우리 집에 가족보다 더 큰 존재가 있다는 사실을 느낀다. 신이 우리 가족 한가운데에 자리하고 있다는 사실을 느낀다. 또한 의식은 가족이 같은 뿌리에서 나온 가지라는 사실을 상기시킨다. 대개 가정에서는 크리스마스 같은 의식을 치를 때 조상 대대로 해오던 방식을 따른다. 가족마다 정해진 의식이 있기에 의식은 곧 조상의 생명력과 신앙심에 참여하는 것이다. 따라서 아이들은 의식을 통해 가족 전통의 한 부분이 된다. 요즘에는 뿌리를 잃은 사람들이 너무 많다. 우울증이 만연하는 까닭은 뿌리 뽑힌 사람들이 많기 때문이다. 아이들은 의식을 통해 조상의 뿌리에 닿음으로써 생명과 믿음의 강물에 뛰어들 수 있게 된다. 버팀목을 찾았다는 느낌, 기댈 곳이 있다는 느낌을 갖게 되는 것이다.

의식은 삶에 리듬을 부여한다. 아이들은 리듬을 통해 성장한다.

자연도 리듬과 함께 존재한다. 자연의 리듬을 모방한다면 성공한 삶이라 할 수 있다. 융은 모든 일은 리듬을 탈 때 가장 효율적으로 돌아간다고 말한 바 있다. 리듬과 더불어 사는 사람은 힘을 잃지 않기 때문이다. 모든 사람에게는 생체 리듬이란 것이 있다. 이 내면의 리듬을 따르는 것이 좋다. 아이들은 자연의 리듬에 따라 움직이는 법을 배워야 한다. 그래야 건강하게 살 수 있고, 자기 안에 숨은 힘과 능력을 접할 수 있다. 정형화되지 않은 영혼은 하루의 질서와 리듬에 따라 움직인다.

감정을 어루만지는 의식

의식에는 또 다른 장점이 있다. 평소 표현하지 못했던 감정을 의식을 통해 드러낼 수 있는 것이다. 이를 통해 더 깊은 관계를 맺으며, 가족 정체성을 형성할 수 있다. 가정에서 의식을 행할 때, 아이들은 우리 가족만의 문화가 있다는 자부심을 느낀다.

   서로의 감정이 가장 잘 표현되는 의식은 생일이다. 요즘에는 대개 아이가 좋아하는 케이크를 사서 촛불을 불고 같이 먹는 것으로 생일을 축하한다. 그런데 생일을 가족 간에 평소 하고 싶었던 이야기를 털어놓는 계기로 삼는 것도 좋다. 이때에는 아이의 나이가 중요하다. 다섯 살 생일을 맞은 아이와 열 살 생일을 맞은 아이는 하고 싶은 이야기가 다를 테니 말이다. 의식은 아이의 영혼에 깊은 인상을 남긴다. 무의식의 심층까지 다가가 아이의 영혼을 어루만진다. 의식을 잘 활용해 아이에게 평소 하지 못했던 말이나 감정을 표현해보자.

아이가 정서적으로 큰 부담을 느낄 때일수록 의식이 중요하다. 예를 들어 아이가 작별의 순간을 맞을 때에는 반드시 의식이 필요하다. 부모의 직장 문제 때문에 이사를 가야 한다면 작별 의식을 치러주어 아이가 친숙했던 것들과 잘 이별할 수 있도록 도와주어야 한다. 이는 훗날 아이들이 장성하여 독립할 때도 마찬가지다. 작별 의식은 아이에게도 필요하지만 부모에게도 필요하다. 그래야 아이를 편안한 마음으로 놓아줄 수 있는 것이다.

사랑하는 사람을 잃은 슬픔은 의식을 통해서만 치유될 수 있다. 아무런 의식도 치르지 않은 채 아이 혼자 슬픔을 달래기는 너무 버겁다. 의식은 차마 드러내지 못했던 감정을 표현하게 해준다. 또 혼란스러운 상황에서 버팀목이 되어준다. 의식은 아이의 시간과 공간을 정돈해주고, 감정을 추스르게 해준다. 의식을 통해 아이는 스스로 이겨낼 수 있는 힘을 얻는다. 의식은 의미를 부여한다. 모든 것이 무의미해 보이는 슬픔의 시간에도 의미를 부여할 수 있는 여지를 선사한다.

아이들은 부모가 곁에 없어도 죽은 동물을 보면 나름의 의식을 치러준다. 나는 어린 시절 친구들과 십자가를 만들어 어린 새나 고양이의 장례식을 치른 적이 있다. 지금 생각해보면 엉망진창이었지만, 우리 나름의 방식으로 새와 고양이를 추모했다. 그러고 나면 기분이 훨씬 좋아졌다. 물론 장례식을 하는 동안에도 크게 슬프거나 괴롭지는 않았다. 온갖 상상력을 동원해 놀이처럼 즐겼던 것 같다. 그래도 그것이 좋았고, 삶과 죽음의 비밀을 엿본 것 같았다. 이처럼 의식에는 놀이의 측면이 있다. 그래서 어려운 문제나 복잡한 감정도 놀이하듯 대처하고 극복할 수 있게 해준다.

6
사춘기, 붙잡기와 뿌리치기의 이중주

아이들의 독립을 준비하는 교육

사춘기는 부모와 아이 모두에게 기회다. 전혀 다른 길을 걸어갈 시간이다.
한쪽은 집을 나가 독립하고, 다른 쪽은 집에 남아 자기 내면으로 돌아간다.
이제 부모는 아이의 빈자리에 적응하고, 정신과 영혼에 마음을 열기 시작해야 한다.
그러므로 사춘기의 가장 중요한 과제는 이별과 분리다.

붙잡기와 뿌리치기. 이 둘은 변화와 새로운 출발을 특징으로 하는 반항기와 사춘기 아이들의 대표적인 이중적 태도다. 반항기 아이들과 사춘기 청소년들의 교본과도 같은 것이다. 심리학자 루이스 캐플란의 말대로 두 성장 단계의 아이들은 결합과 분리의 드라마를 찍는다. 부모에게 매달리다가도 이유 없이 부모를 밀쳐낸다. 부모에게 밀착되고 싶어 하다가도 갑자기 거리를 취하고, 꽁무니만 쫓아다니다가도 한순간 지긋지긋하다는 표정을 짓는다.

다니엘의 엄마도 같은 경험을 했다. 열다섯 살인 아들은 지난 2년 동안 하늘 높은 줄 모르고 크더니 엄마 키를 훌쩍 넘었다. 그런데 이 녀석이 매일 엄마를 끌어안고 애교를 부린다. 몸만 컸지 하는 짓은 영락없는 다섯 살 꼬마 같다. 재미있는 것은 그러다가도 친구들이 집에 찾아오면 언제 그랬냐는 듯 시치미를 뚝 뗀다는 것이다. 그것도 모자라 엄마 말을 무시하고 투덜거리기까지 한다. 아이의 변덕스러운 태도 때문에 엄마는 미칠 지경이다.

자기 분열이야말로 사춘기 아이들의 전형적인 특징이다. 당장 하늘로 올라갈 것처럼 환호성을 지르다가도 금방 죽을 것처럼 침울해진다. 감정의 기복이 심한 까닭은 방향을 제시해주는 믿을 만한 나침반이 없기 때문이다. 아이는 방향을 잃고 혼자 버려졌다는 느낌에 휩싸인다. 시간이 흘러 사춘기가 지나고 나서야 뒤를 돌아보며 미소를 지을 수 있는 시기인 것이다.

샤를로테 뷜러는 20세기 초 오스트리아 빈에서 활동한 아동심리학자다. 당시만 해도 아직 사춘기라는 개념이 정립되지 않아서 아동의 반항기와 청소년의 사춘기를 작은 반항기와 큰 반항기로 나누어 불렀다. 당시 샤를로테 뷜러는 이런 주장을 내놓았다. 세 살에서 여섯 살 사이의 작은 반항기를 놀이터에 데리고 나가면 손가락질 받을까 봐 겁이 날 정도로 격렬하게 보낸 아이일수록 열세 살에서 열여섯 살 사이의 큰 반항기는 온순하게 넘어간다고 말이다. 꼬마 악동 때문에 골치 아픈 부모들에겐 희소식이 아닐 수 없다. 하지만 반대로 주변 사람들이 부러워할 정도로 작은 반항기를 조용히 지나가면 큰 반항기는 더 격하고 혼란스러워진다고 한다.

반항,
아이의 독립 선언

아이를 교육하는 것은 정말 힘든 일이다. 영적 교육도 마찬가지다.

교육을 요가 연습쯤으로 생각하면 오산이다. 영성만 있다면 아이가 흰 깃발을 들고 납작 엎드릴 거라고 생각하는 부모는 반드시 뒤통수를 크게 얻어맞게 될 것이다. 그것도 예기치 못한 순간, 아무 문제도 없다고 확신하는 순간에 말이다.

저명한 아동심리학자 셀마 프레이버그는 반항을 '아이들의 독립선언'이라고 표현했다. 자아를 발전시키기 위한 중요한 행위이지만, 부모를 무너뜨리려는 반란은 아니니 안심하라고 말이다. 반항기에 있는 아이에게도 자신을 지지해주는 부모가 필요한 것은 너무나 당연한 일이다. 반항이 심한 아이일수록 자신의 가능성과 능력은 물론이고 자신의 무능함과 실수도 용인해줄 수 있는 부모가 필요하다.

하지만 부모는 계속해서 한계에 부딪힌다. 도저히 앞으로 나아갈 수 없다는 무력감이 밀려오며, 자신은 물론이고 아이들에게 화가 나고 분통이 터진다. 땅에 패대기를 치고 싶다거나 두들겨 패주고 싶다는 소리가 절로 튀어나온다. 자제력을 잃은 부모에 대한 이야기가 심심치 않게 뉴스에 등장하는 것도 바로 그 때문이다.

"제가 딸한테 그렇게 심하게 대할 줄은 저도 몰랐어요." 입만 열었다 하면 "싫어"를 연발하는 딸을 보다 못해 심하게 야단을 친 한 엄마의 고백이다. 사실 반항기와 사춘기는 부모에게 너무나 가혹한 시간이다. 모든 아이가 거쳐야 하는 성장 단계라는 사실은 너무나 잘 알지만, 몸과 마음이 따로 논다. 더구나 아이들마다 나타나는 양상이 천차만별이다. 수차례의 여진을 동반하는 지진도 있고, 갑자기 몰아닥치는 허리케인도 있다. 허풍을 떨고 과장하는 아이가 있는가 하면, 활화산처럼 폭발하는 아이도 있고, 무슨 생각을 하는지 알 수 없는 표정을 지으며 조용히 안으로 파고드는 아이도 있다. 물론 그 모든 것이 뒤섞인 혼합형도 있다.

모든 아이는 다르다. 따라서 반항의 양상도 제각각이다. 반항은 마른하늘에 날벼락 떨어지듯 갑작스럽게 나타나기도 한다. 이를테면 옷을 입거나, 밥을 먹거나, 마트에 가거나, 식당에 가거나, 집에 손님이 왔을 때 느닷없이 나타난다. 하지만 그렇다고 해서 반항이 뜬금없고 맹목적인 것만은 아니다. 반항은 아이가 자신의 의지를 관철하고자 하는 강한 추진력의 표현이기도 하고, 이와 동시에 아이가 스스로를 과대평가한다는 증거이기도 하다. 아직은 자신이 원하는 만큼 할 수 없는데도 자신의 능력보다 더 많은 것을 원하는 것이다.

반항기는 아동이 성장할 때 정상적으로 거치는 단계이며, 자율과 자립으로 가는 건강한 과정이다. "싫어"라는 말에는 아이의 자기 의지가 담겨 있다. 진화생물학자 프란츠 렝글리는 반항이 개체 발생론적으로 봤을 때도 필연적인 과정이라면서 '제2의 탄생'을 하며 내뱉는 '울음'이라고 정의했다. 탄생 후의 첫 울음이 물리적으로 이 세상에 도착했다는 의미라면, 반항기의 울음은 자신이 지금 여기에 있음을 알리는 심리적인 신호라는 것이다.

호기심과 지적 욕구를 바탕으로 자율과 독립을 향해 나아가는 길에는 내적 긴장과 부조화가 동반된다. 그러다 보면 아이는 조급해지고 심리적 불균형을 느끼게 된다. 심리적 불균형에서 오는 긴장 상태를 견디기 위해 불거져 나오는 것이 바로 반항이다. 하지만 막상 반항에 맞닥뜨린 부모는 그저 당황스러울 뿐이다. 반항의 진짜 원인을 알지 못하기 때문이다. 그래서 아이를 이해하기도, 공감하기도 힘들다.

독립을 추구하는 아이는 부모와 거리를 두며 선을 긋는다. 그런데 그런 선 긋기가 내적 갈등을 유발하고, 갈등은 다시 분노와 반항으로 터져 나오는 것이다. 따라서 아이마다 차이는 있지만 반항을 피할 수는 없다. 아이는 태어난 후 2~3년 동안 운동, 언어, 사회성에서 급성장을 한다. 아이의 자기 인식도 변한다. 자기 이름을 알아듣고, 거울에 비친 자기 모습을 알아보며, 다른 사람들과 다양한 경험을 나눈다. 이 시기를 지나면 첫 반항이 시작된다. 자기를 인식하기 시작한 아이는 나름의 욕구를 가지고 부모와 대결한다. 자신의 욕구를 마음대로 해석하며 금지하는 부모에게 대항한다. 하지만 부모가 유창하게 자신의 뜻을 표현할 수 있는 데 반해 아이들은 쏟아지는 부모의 말을 감당할 수가 없다. 자신도 많은 말을 하고 싶고 부모의 의견에 반박하고 싶지만 그럴 수가 없다. 그래서 '모든 걸 할 수 있다'는 느낌과 '아무것도 하면 안 된다'는 금지 사이에서 긴장감이 고조되다가 감정의 폭풍으로 터져 나오는 것이다.

반항을 하지 않는 아이도 있다. 기질적으로 얌전하고 소극적인 아이를 말하는 것이 아니다. 반항을 하고 싶은데 하지 못하는 아이를 말한다. 파트리치아의 예를 들어보자. 파트리치아는 자립하고자 하는 욕구를 스스로 억압할 수밖에 없었다. 이 아이의 가족사를 들여다보면 그 이유를 알 수 있다.

파트리치아에게는 오빠와 언니가 있었다. 그런데 오빠는 파트리치아가 세상에 태어나기도 전에 심장병으로 세상을 떠났고, 언니는 교통사고로 죽었다. 엄마는 두 아이가 죽은 것이 자기 때문이라고 생각한다. 의사의 권유대로 수술을 받았더라면 아들이 살 수 있었을지도 모르고, 자전거를 타고 학교에 가겠다던 딸을 말렸더라면 교통사고를 당하지 않았을 수도 있다고 말이다. 그래서 파트리치아에게만은 '모든 것을 잘하고' 싶었다. 절대 실수하거나 후회할 일을 저지르지 않겠다고 다짐했다. 끊임없이 딸에 대해 생각했으며, 딸이 요구하는 것은 무엇이든 실행에 옮겼다. 두 사람은 늘 한 몸처럼 움직였다. 그러다 보니 파트리치아에게는 자기만의 시간도 공간도 없다. 어디를 가나 엄마의 근심 어린 시선이 따라다닌다. 엄마의 두려움과 우울함과 쓸쓸함이 파트리치아의 몸과 마음에 그대로 반영된다. 파트리치아는 엄마에 대한 책임감을 느낀다. 즐거워도 즐거운 티를 내지 못하고, 감히 자기 길을 가겠다고 용기 내지도 못하며, 반항을 하겠다고 마음먹지도 못한다. 자립의 욕망을 스스로 금지시켰기에 엄마에게서 떨어져나가지 못한다.

파르리치아의 엄마는 처음 상담하러 왔을 때 '자의식이 강한 아이'를 원한다고 말했지만, 실제로는 떨리는 목소리에 근심 어린 눈빛으로 가득했다. '아무 일도 일어나지 않으면 좋겠어!'라고 말하는 눈빛이었다. 그사이 열여섯 살이 된 파트리치아는 1년 동안 미국에 교환학생으로 가고 싶어 할 정도로 자의식이 강한 소녀로 자랐다. 심리 상담을 통해 두 아이를 잃은 상처를 극복한 엄마는 딸의 뜻에 지지를 표했다. 엄마가 웃으며 말한다. "어렸을 때는 제대로 반항 한 번 못하더니, 사춘기가 되니까 아주 볼 만했어요. 뭐 어쩌겠어요. 어릴 때 못해봤으니 한번 해봐야죠."

정말 마음에 와 닿는 말이다. 아이들은 성장하며 부모 곁을 떠나 세상으로 걸어 나가야 한다. 사춘기는 아이가 독립할 수 있는 소중한 기회이다.

아이는 부모와
대결하며 성장한다

미케의 엄마는 모든 것이 엉망진창인 것 같아 당황스럽다. 그녀는 아들한테 부끄럽지 않은 엄마였다고 자부해왔다. 아이에게 어떤 일도 억지로 강요한 적이 없고, 언제나 아이를 존중했으며, 늘 자상하게 대했다. 그런데 돌아온 결과가 너무나 처참하다. 아들이 제 고집만 피우며 엄마 말은 절대 안 듣고 한없이 냉랭하다. 한 엄마는 자기 방에서 나오지 않는 딸 때문에 고민이 크다. 자기 방에 틀어박혀 음악을 크게 틀어놓고 무슨 짓을 하는지 알 수가 없다. 그러다 보니 엄마와 사이도 안 좋아지고 사소한 일로 언쟁을 벌이게 된다. 사춘기인 것 같은데, 아무리 그렇다 해도 너무 화가 난다.

물론 부모도 사춘기를 겪었다. 하지 말란 짓만 골라 하면서 주변 사람들을 괴롭혔을 것이다. 그런데도 막상 자기 아이가 사춘기를 맞으면 전혀 예상 밖이라는 듯 깜짝 놀란다. 대개는 아이와의 갈등과 언쟁을 피하고 싶어 최대한 조심한다. 심한 경우는 부모로서 할 수 있는 일이 없다고 생각하기도 한다. 무슨 말을 해도 전혀 듣지 않으니 아무 소용이 없다는 것이다.

하지만 다시 강조하건대 교육은 관계다. 항상 화목할 수는 없겠지만, 그럼에도 끈기를 갖고 임해야 하는 관계다. 아이가 사춘기를 겪는다고 교육에서 발을 빼면 관계도 끊어진다. 그러면 아이는 의지할 곳도 방향도 잃은 채 혼자 남게 된다. 청소년기의 파괴적 행동은 아이들이 얼마나 도움의 손길을 기다리는지, 얼마나 애정과 인정의 끈을 바라는지 보여주는 증거다. 따라서 어른들은 청소년기의 아이들과 절대로 관계의 끈을 놓아서는 안 된다.

아이가 자꾸 뒤로 물러선다 해도, 접촉을 피하며 소통을 힘겨워한다 해도 대화를 멈추지 말고 자신의 규범과 가치를 전달해야 한다. 아이는 부모와 갈등하고 충돌하면서 부모의 규범과 가치를 점검해보고 자기 것으로 받아들일 수 있다. 그리고 그 점검 과정에서 비판과 갈등과 거부는 필수적인 조건이다. 아이들은 존중받기를 원하고 인정받기를 원한다. 하지만 여기서 명심해야 할 것은 부모와 자식이라는 동반자 관계에서는 부모에 대한 존중과 존경도 필요하다는 것이다. 부모가 단지 당장의 '평화'를 위해 아이의 말을 다 들어주어서는 안 된다. 이는 순식간에 둘의 관계를 불평등하게 만들 것이고, 그 순간 아이는 부모의 요구나 욕구를 짓밟게 될 것이다.

아이의 사춘기는 부모에게도 중요한 시기다. 이 시기에는 부모 역시 아이처럼 신체적 변화를 경험한다. 그리고 가족생활도 '사춘기'를 맞이한다. 오직 아이에게만 집중하던 시기에서 부모 자식 간의 새로운 관계, 부부 간의 새로운 관계를 모색하는 시기로 이동하게 되는 것이다.

하지만 많은 부모들이 이를 깨닫지 못한다. 아이가 독립을 모색하면서 새로운 관계가 시작되는데, 이를 잘못 판단하다 보니 부부 관계가 정체 상태에 빠지거나 한쪽이 집 밖으로 도는 사태가 벌어진다. 이 시기에 부부 간의 갈등이 많아지는 것도 다 그 때문이다. 또 사춘기는 부모 자식 사이에 팽팽한 긴장감이 흐르는 시기이다. 온갖 드라마가 펼쳐지고, 크고 작은 갈등이 일어나며, 강렬한 감정이 난무한다. 하지만 그 과정이 어떤 의미를 지니는지, 가족에게 어떤 기회를 제공하는지는 대개 시간이 흐른 뒤에야 깨닫는다.

사춘기 아이들은 갖가지 감정 상태에 빠진다. 열여섯 살 카롤리

네는 집에 들어가는 게 스트레스다. "사사건건 엄마, 아빠랑 충돌하는 게 너무 싫어요." 열다섯 살 가브리엘은 외모에 대한 고민이 너무 깊다. "어떤 날에는 내가 너무 못생긴 것 같아서 울음이 나와요. 마음에 드는 게 하나도 없어요. 옷도 마음에 안 들고, 가족도 싫어요." 반면 이 시기를 자기 나름대로 좋게 받아들이는 아이도 있다. 열다섯 살 파트릭이 그렇다. "제 마음대로 해도 뭐라고 하지 않아요. 게다가 늘 관심을 받잖아요. 뭐, 제대로 날 이해해주지는 않지만 상관없어요."

사춘기는 신체적·정서적 변화의 시기이고, 아동에서 성인으로 넘어가는 과도기이다. 사춘기를 뜻하는 'puberty'는 '체모'를 의미하는 라틴어 'pubes'에서 나왔다. 사춘기에 나타나는 신체적 특징인 음모나 겨드랑이 털 등을 상징하는 것이다.

사춘기에는 긴장과 혼란, 모순되는 감정이 나타난다. 어떤 순간에는 죽고 싶을 만큼 슬프다가도 또 다른 순간에는 손뼉을 치며 웃어댄다. 어떨 때는 부모에게 모든 걸 의지하다가도 다른 때는 잘난 척하며 못되게 군다. 온 세상이 장밋빛으로 보이다가도 갑자기 어둠 속에 홀로 버려진 것 같은 느낌이 든다. 사춘기를 겪는 동안 아이들은 어제와 이별을 고하고 익숙했던 자리를 떠나 먼 곳으로 향한다. 하지만 아직 새로운 버팀목을 찾지는 못한 상태다. 믿고 따를 수 있는 규칙도 의식도 없다. 그래서 사춘기 아이들은 방향을 잃고 방황하며 좌충우돌한다. 파괴적인 경계 넘기를 통해 낯선 땅에서 생존할 수 있게 도와줄 든든한 주춧돌을 찾는 것이다.

사춘기는 스스로 걸어가며 만드는 길과 같다. 이때 항상 똑같은 보폭으로 갈 수는 없다. 걸음을 멈춰야 할 때도 있고, 빛의 속도로 달려가야 할 때도 있다. 그 과정에는 고통과 슬픔과 눈물이 따른다. 부모는 당연히 이런 모습을 보이는 아이들이 버겁다. 대화를 하려 해도 입을 꾹 다물고, 접촉을 시도해도 뿌리치기만 한다. 하지만 아이들의 거친 행동은 겉모습에 불과하다. 그 속에는 보호와 안전에 대한 욕망이 숨어 있다. 거칠게 행동한다는 건 결국 너무 허약해 쉽게 상처받을 수 있다는 증거이다. 성장하려면 움직여야 한다. 경계 밖으로 나가야 하고, 익숙한 것과 이별을 고해야 하고, 소년기를 떠나보내야 한다. 그렇게 고통스러운 과정을 거쳐야 하기에 사춘기에는 혼란스럽고 공격적인 모습을 보일 수밖에 없다.

가재가 등껍질을 바꿀 때는 먼저 본래 입고 있던 껍질을 벗어던져야 한다. 더 튼튼한 껍질이 자랄 때까지는 아무런 보호 장치 없이 바다의 위험에 노출되는 것이다. 프랑스의 심리학자 돌토는 그 연장선상에서 이렇게 말했다. "청소년들은 가재와 같다. 새 껍질을 만들기 위해서 너무나 많은 눈물과 땀을 흘려야 한다. 그 눈물과 땀으로 껍질을 만든다 해도 과언이 아니다."

사춘기 아이들은 길을 나선다. 새로운 목표를 향해 출발해야 한다. 출발하지 않으면 자율성도 자존감도 형성할 수 없다. 아이들은 기존 환경에서 벗어나 낯선 곳으로 떠나야 한다. 그런데 이 과정에서 부모가 아이의 모든 행동을 무조건 받아주거나 무관심으로 일관하면 아이의 힘과 에너지는 파괴적이고 폭력적인 방식으로 변질된다.

아이를 위해 최선을 다하는 것만으로는 충분치 않다. 가끔은 최선을 다한다는 것이 아이에게 해가 될 때도 있다. 아이가 벌 받아 마땅한 짓을 해도 무조건 받아주고 넘어가는 것이다. 열여섯 살인 파트릭은 이렇게 말한다. "저는 뭐든 맘대로 해도 돼요. 엄마, 아빠는 제가 무슨 짓을 해도 야단치지 않거든요. 물론 조금 화를 낼 때도 있지만, 제가 풀 죽은 시늉만 하면 금세 용서해줘요."

사춘기 아이들은 자율과 독립을 소망한다. 하지만 자율이란 상호 존중을 바탕으로 이루어지는 것이다. 아이들은 스스로를 존중할 줄 아는 어른만 존중한다. 자신을 존중하지 않는 부모는 아이에게도 존중받지 못한다. 존중하고 존경할 만한 부모라는 원초적 믿음만이 아이에게 안도감과 확신을 줄 수 있고, 아이가 복잡한 세상에서 제자리를 찾아가는 데 도움을 줄 수 있다. 원초적 믿음이 형성되지 못한 아이는 의지할 데가 없어 불안해하고 초조해한다. 튼튼한 관계의 끈을 놓친 채 소속감을 잃어버린다. 그래서 관심을 받고 안도감을 느낄 때까지 좌충우돌한다. 그러므로 사춘기의 파괴적 행동은 도움을 청하는 고함소리다. 자신의 감정을 받아달라는 구조 요청인 셈이다.

아이들은 통제를 원한다. 물론 과도한 외부 통제는 아이의 자립심, 상상력, 책임감을 억압한다. 하지만 전혀 경계를 정해주지 않고 무슨 일을 해도 통제하지 않는다면, 아이의 정서적 발전에 문제가 생길 뿐 아니라 파괴적인 행동도 늘어난다. 그릇된 관용과 무관심한 방임은 권위적인 억압 못지않게 아이의 공격성을 자극한다.

아이들은 어른들과의 대결을 통해 스스로의 관점을 터득하고, 이를 통해 자율과 자립을 향해 나아간다. 때로는 큰소리가 나고 분노가 치밀지만, 그런 만큼 결코 지루할 틈 없는 대결을 통해서 말이다. 대결은 경계 넘기다. 이를 통해 아이들은 자신이 얼마나 멀리 갈 수 있는지 몸으로 느끼고 깨닫는다.

예수의 유년기와 사춘기

예수의 부모도 자식 키우기가 만만치 않았다. 루카복음에는 예수의 어린 시절이 담겨 있다. 예수는 부모에게 이런 저런 요구를 했다. 때로는 과도한 요구를 한 적도 있다. 예수의 탄생은 부모에게도 변화를 안겨주었다. 모든 부모가 겪어야 하는 변화 말이다.

루카복음은 아이가 없는 노부부의 이야기로 시작된다. 천사 가브리엘이 즈카르야를 찾아가 그의 아내가 아이를 낳을 것이라고 전한다. 하지만 즈카르야는 천사의 말 대신 자신의 이성을 믿었다. 아이 문제는 이미 끝난 사안이라고 말이다. 천사는 즈카르야가 자신의 말을 믿지 않자 아이가 태어날 때까지 그를 벙어리로 만든다. 침묵 속에서 아이의 탄생을 준비하도록 만든 것이다. 그리고 드디어 아이가 태어나자 그는 신의 은총을 믿고 아이에게 '요한'이라는 이름을 지어주었다.

한편 마리아는 천사의 메시지에 즈카르야와 다르게 반응했다. 천사와 적극적으로 대화를 나누고, 아기를 낳으면 무슨 일이 일어날 것인지, 그것이 무슨 메시지인지를 이해하려 했다. 그리고 정든 집을 떠나 혼자 용감하게 산을 넘었다. 출산과 더불어 시작될 두려움과 장애를 넘은 것이라고 할 수 있다. 마리아는 친척 엘리사벳의 집을 찾아갔다. 루카복음은 임신한 두 여성의 만남을 매우 아름답게 묘사하고 있다. 엘리사벳은 뱃속의 아이 덕분에 활력을 되찾았다. 아이 덕분에 자기 내면의 아이와 접촉하게 되었고, 이로써 신이 그녀에게 준 원초적 형상을 발견하게 된 것이다. 마리아의 비밀을 눈치 챈 엘리사벳은 그녀를 축복하며 이렇게 말한다. "당신은 여인들 가운데에서 가장 복되시며 당신 태중의 아기도 복되십니다." 엘리사벳의 말은 여러 의미로 해석될 수 있다. 아이를 임신한 모든 여성은 축복을 받은 몸이다. 아이 역시 엄마에게 내려진 축복이다. 나아가 엄마 또한 아이와 주변 사람들에게 축복이 될 것이다. 엘리사벳의 축복을 받은 마리아는 그 유명한 찬양시를 통해 신을 찬미한다. 그리고 용감하게 말한다. "이제부터 과연 모든 세대가 나를 행복하다 하리니 전능하신 분께서 나에게 큰일을 하셨기 때문입니다."

루카복음에는 마리아의 출산 순간과 출산 이후 행동에 대해서도 상세히 묘사되어 있다. 첫 반응은 아주 객관적으로 서술된다. 그도 그럴 것이 출산이 먼 고장에서, 부모와 아이에게 전혀 친절하지 않은 환경에서 이루어졌기 때문이다. "그들이 거기에 머무르는 동안 마리아는 해산날이 되어 첫아들을 낳았다. 그들은 아기를 포대기에 싸서 구유에 뉘었다. 여관에는 그들이 들어갈 자리가 없었던 것이다." 그녀는 여느 엄마와 다름없이 행동했다. 비록 환경은 열악했지만 아이를 포대기에 싸서 부드럽게 재운 것이다. 그리고 천사에게 소식을 듣고 찾아온 목자들이 아이에 관한 이야기를 전해주었을 때 마리아의 반응은 이와 같았다. "마리아는 이 모든 일을 마음속에 간직하고 곰곰이 되새겼다." 이 구절에 들어간 두 그리스어 'synterein'과 'symballein'은 약간 다른 의미를 갖는다. 'synterein'은 '눈을 뜨다, 지키다, 관찰하다, 보관하다'라는 의미이다. 마리아는 목자들이 한 말을 신의 말씀을 품에 안듯 받아들였다. 그 말을 곰곰이 새기며 그 근원을 생각했고, 그 말이 세상의 온갖 말들에 묻혀버리지 않도록 고이 간직했다. 'symballein'은 '한데 모으다, 수집하다, 묶다, 만나다, 비교하다, 자신에게 선사하다'라는 뜻이다. 마리아는 자신이 들은 말을 그동안 들어온 수많은 말들과 비교했고, 자신이 경험한 현실과도 비교했다. 그리고 자신에게 무슨 일이 일어났는지 이해했다. 그녀는 그 말을 음미했고, 그 말이 자신에게 무엇을 말하는지, 그 말이 자신에게 어떤 영향을 미쳤는지 마음으로 느꼈다. 그녀가 가슴에 고이 간직한 그 말은 자신의 아이가 누구인지를 말해 주었다. 따라서 그녀는 아이를 자기 생각에 끼워 맞추려고 하지 않았다. 목자들의 말과 천사의 말을 믿고, 신이 아이를 통해 전한 유일한 말씀을 깨달으려 노력했던 것이다.

마리아와 요셉은 율법이 정한 대로 따랐다. 출산 후 8일째 되던 날 아이에게 할례를 베풀고 이름을 선사했다. 그리고 40일째 되던 날 아이를 성전으로 데려가 정결례를 거행하고 아이를 신에게 봉헌했다. 그 의식은 아이가 그들의 자식이 아니라 결국 신의 자식임을 표현한 것이었다. 아이는 신이 주신 선물이니, 자신들은 그저 그 아이를 지키고 보살피고 교육하고 동행할 뿐이라는 의미였던 것이다. 루카복음은 예수 탄생 이후의 첫 시기를 이런 말로 끝맺는다. "주님의 법에 따라 모든 일을 마치고 나서, 그들은 갈릴래아에 있는 고향 나자렛으로 돌아갔다. 아기는 자라면서 튼튼해지고 지혜가 충만해졌으며, 하느님의 총애를 받았다."

요즘 부모들은 아이의 탄생에 불안한 반응을 보인다. 어떻게 해야 할지 모르겠다는 마음에 책을 읽고 여기저기에서 상담을 받는다. 하지만 루카복음이 전하는 교훈은 아주 간단하다. 늘 하던 대로 하라는 것이다. 부모의 부모도 아이를 낳았다. 수천 년 동안 인류는 경험, 관습, 의식을 통해 아이를 어떻게 키울지 배우고 익혔다. 그 큰 강물에 몸을 맡겨야 한다. '나는 다르게 키울 거야. 남들보다 낫

게 키울 거야. 옛날 방식으로 키우지 않을 거야.' 이는 틀린 생각이다. 건강한 전통과 자신의 능력에 대한 믿음은 부모와 아이 모두에게 안도감을 준다. 그래야 아이는 무럭무럭 자라 힘과 지혜를 얻게 될 것이다.

    루카복음에도 돌발적인 사건이 하나 등장한다. 이상적이고 평화로운 상황을 묘사한 직후 정반대되는 갈등 장면이 불쑥 튀어나온다. 순례 길에 따라간 예수가 어머니의 말을 듣지 않고 제멋대로 행동했던 것이다. 성전에 들어간 열두 살의 예수는 처음으로 가족과 갈등을 겪는다. 부모를 따라 예루살렘으로 돌아가지 않았던 것이다. 당연히 부모는 아이를 찾아 헤맸고, 결국 사흘 후 성전에서 율법 교사들 사이에 앉아 그들의 말을 들으며 질문을 던지는 아이를 찾아냈다. 마리아가 아이에게 던진 말에는 질책과 고통이 묻어난다. "애야, 우리에게 왜 이렇게 하였느냐? 네 아버지와 내가 너를 애타게 찾았단다." 하지만 예수는 이해할 수 없는 대답을 던진다. 자신은 부모가 아닌 신의 것이라 칭하면서 신을 자기 아버지라 불렀던 것이다. 루카복음에서는 이 부분이 예수가 신을 아버지라 부른 첫 장면이다. 여기에 묘사된 가족은 신성한 가족의 모습이 아니다. 우리가 흔히 알고 있는 갈등에 시달리는 가족이다. 아이가 나와 다르다는 사실에 가슴 아파하고, 고통을 참고 아이의 손을 놓아주며, 아이가 가는 길을 이해하지 못하는 부모의 모습이다. 갈등을 겪은 후 예수의 가족은 다시 고향으로 돌아간다. 하지만 "그의 어머니는 이 모든 일을 마음속에 간직하였다." 어머니는 통찰을 하고 근원을 파고든다. 아들의 말과 행동을 이해할 수는 없지만, 그 근원과 원인을 규명하려 애쓴다. 아들을 자기 곁에 묶어두려 하기보다는 아들의 비밀을 꿰뚫어보려 한다.

루카복음에는 어린아이와 관련된 또 다른 이야기가 있다. 예수가 여러 마을을 돌아다니며 설교하던 중이었다. "사람들이 아이들까지 예수님께 데리고 와서 그들을 쓰다듬어 달라고 하였다. 그러자 제자들이 사람들을 꾸짖었다. 예수님께서는 그 아이들을 가까이 불러 놓고 이르셨다. '어린이들이 나에게 오는 것을 막지 말고 그냥 놓아두어라. 사실 하느님의 나라는 이 어린이들과 같은 사람들의 것이다. 내가 진실로 너희에게 말한다. 어린이와 같이 하느님의 나라를 받아들이지 않는 자는 결코 그곳에 들어가지 못한다.'" 유대 랍비들 중에는 어린아이들을 상대하는 것은 시간낭비라고 주장하는 사람들이 많았다. 아이들하고 보내는 시간을 신의 율법에 투자하라고 말이다. 예수의 제자들도 같은 생각을 했다. 예수의 설교가 아이들보다 훨씬 소중하다고 말이다. 하지만 예수는 아이들을 가까이 오게 한 후 제자들에게 설교한다. 아이들 자체를 설교의 소재로 삼아 아이들에게서 배워야 한다고 가르친다. 예수는 아이처럼 신의 왕국을 받아들이는 자만이 그곳에 들어갈 수 있다고 말했다. 이 말은 무슨 뜻일까? 아이들은 새로운 것에 마음을 열고 관심을 보인다. 반대로 어른들은 세상만사를 자기 틀에 끼워 맞추려고 한다. 자신은 모르는 것이 없으며, 세상에 새로운 것이란 없다. 신도 이미 지어놓은 삶의 틀에 끼워 넣는다. 하지만 예수에게 중요한 것은 신의 왕국이다. 신이 인간을 다스려야지 '에고(ego)'가 인간을 다스려서는 안 된다. 신이 다스릴 때 인간은 타인의 요구와 판단에서 자유로워질 수 있다. 아이들은 마음을 열고 신의 지배를 받아들인다. 자신보다 더 큰 존재에 마음을 열 준비가 되어 있다. 이것이야말로 신이 나를 지배하고, 내가 진정한 자아를 발견할 수 있는 조건이다. 신을 자기 인식의 틀에 끼워 맞추려 하면, 나는 결코 신이 만든 유일한 인간이 될 수 없다. 아이들은 내게 위조되지 않은 유일한 원초적 형상을 상기시켜 준다. 신이 내게서 만든 바로 그 형상 말이다.

예수는 아이를 통해 제자들에게 삶의 비밀을 가르친다. 마르코 복음에는 예수가 설교 후 아이를 품에 안고 머리에 손을 올려놓은 후 축복하는 장면이 담겨 있다. 이 장면에서 예수가 아이들을 대하는 방식은 두 가지다. 첫째, 예수는 아이들을 품에 안는다. 친밀함과 안전함을 표현하는 것이다. 이를 통해 예수는 자신의 사랑과 힘을 아이들에게 보여주고자 한다. 이와 유사한 유대 랍비의 이야기가 있다. 한 남자가 말을 안 듣는 아들을 랍비에게 데려왔다. 랍비는 그 아이를 그냥 품에 꼭 안아주었다. 그러자 아이가 변하기 시작했다. 아이는 친밀함을 느꼈고, 랍비가 자신을 참고 견디며 붙들어주리라는 확신을 갖게 되었다. 이를 통해 아이는 자신을 포기하지 않고 스스로를 붙들 수 있게 되었다. 둘째, 예수는 아이들의 머리에 손을 올려놓는다. 그의 신성한 힘이 아이들에게 흘러들어가도록 하는 것이다. 손을 올려놓는 행위는 그 대상을 보호하겠다는 몸짓이기도 하다.

사춘기, 새로운 시작을 위한 기회

영적 교육은 지금 이 순간 여기에서 사는 법을 배우는 것이다. 이 말은 부모에게도 해당된다. 그 과정에서 때로 수많은 도전과 아픔을 경험한다. 남자와 여자가 만나 사랑에 빠져 삶의 동반자가 되면, 이제 한 아이의 아빠와 엄마가 된다. 이 낯선 현실 앞에 갈등과 난관이 없을 리 없다. 아이가 어릴수록 부모의 역할도 중요하다. 아이에게는 친밀한 관계의 끈이 필요하기 때문이다. 하지만 현실은 결코 녹록치 않다. 모든 부모가 아이에 대한 사랑과 관심을 결심하지만, 아이가 태어나 시간과 에너지를 요구하는 순간 이론과 실천의 간극은 한없이 벌어진다. 물론 그것은 부모의 개인적인 무능력 탓이 아니다. 사회적·경제적 현실이 많은 영향을 준다. 하지만 그렇다고 해서 냉혹한 현실에 모든 책임을 돌리는 것은 너무나 피상적인 사고방식이다.

많은 부모들이 지나치게 아이에게만 매달린다. 그러다 아이가 사춘기를 맞을 무렵이 되면, 자기 자신마저 잃은 채 그저 '엄마, 아빠'로만 불린다. 가끔은 이렇게 부모 역할에만 빠져 사는 것이 다 자기 책임인 것만 같다. 이런 양상은 아이가 독립하지 못하도록 만든다. 아이가 거꾸로 부모를 배려하도록 만들기 때문이다. 독립하지 못하고, 차마 부모 곁을 떠나지 못하는 것이다. 집을 나가 독립하더라도 양심의 가책 때문에 매일 부모에게 전화를 건다.

아이가 독립할 때가 되면 부모도 삶을 정비해야 한다. 이를테면 실내 인테리어를 바꾸는 것도 좋은 방법이다. 아이들에게 맞게 설계된 낡은 가구를 버리고, 이제 자기만의 삶을 살아갈 공간에 맞는 새 가구를 장만하는 것이다. 아이들이 길을 떠나면, 부모도 길을 떠나야 한다. 힘들고 고단하겠지만, 부부가 서로를 바라보고 품에 안으며 함께 늙어가야 한다.

지금까지의 삶을 점검하고, 자신만을 위한 그리고 부부만을 위한 시간을 내지 못했다면 이제부터라도 두 사람의 관계에 신경을 써야 한다. 의식을 치르면 도움이 될 것이다. 매일 아침 출근할 때 키스를 나누는 것도 좋다. 가끔 둘만의 저녁 시간을 보내는 것도 좋다. 아이들이 아직 어리다면, 아이들을 재워놓고 둘만의 시간을 가질 수 있을 것이다. 둘이 함께 내면의 샘물과 만나는 명상의 시간을 가지는 것도 좋겠다.

세 자녀 가운데 둘은 이미 독립하고 이제 막내아이하고만 함께 사는 아빠는 이렇게 말한다. "막내도 2~3년 안에 독립할 거라고 생각하니 기분이 이상합니다. 수십 년 동안 애들 중심으로 살아왔거든요. 부부 간의 대화도 애들 이야기가 전부였고요. 앞으로 둘이 무슨 이야기를 나눌지 걱정입니다. 할 이야기가 있을까요?" 사춘기의 자녀 둘을 둔 엄마도 비슷한 고민을 한다. "그동안 애들만 생각하고 살았어요. 애들 때문에 직장도 그만뒀죠. 그런데 나한테 남은 게 뭔가 싶어요. 애들이 고맙다고 생각하기는커녕 절 잔소리꾼 취급밖에 안 합니다. 부모가 해주는 건 너무나 당연하게 생각하고요. 무슨 낙으로 살아야 할지 모르겠어요."

사춘기 자녀를 둔 부모들과 대화를 나누다 보면, 많은 이들이 자신의 감정과 꿈에 대해 제대로 인식하지 못한다는 걸 알 수 있다. 자기 안에 아직도 뭔가 꿈틀거리고 있다는 사실을 인정하려고 하지 않는다. 하지만 인간의 성장은 끝이 없다. 자기 발전은 평생의 과업이다. 이를 인정하고 받아들일수록 아이의 사춘기에 대해서도 생산적인 입장을 취할 수 있다. 아이의 독립과 함께 시작된 새로운 삶에 불안을 느끼는 부모는 제 갈 길을 가려는 아이의 변화에 겁을 먹고 아이에게 더욱 집착한다. 그러다 보면 쉽사리 아이의 손을 놓지 못하게 된다.

사춘기는 자기 자신을 다른 시각으로 볼 수 있는 기회다. 이때 아이들은 다른 현실로 나아간다. 저 멀리 펼쳐진 미지의 세상으로 걸어 나간다. 멋진 경험과 함께 성공을 거두기도 할 것이고, 좌절감을 맛보며 실패도 경험하게 될 것이다. 아이들이 먼 길을 떠나는 시점의 부모들에게도 아직 많은 시간이 남아 있다. 따라서 관심을 자신에게 돌리기 시작해야 한다. 이렇듯 사춘기는 부모와 아이 모두에게 기회다. 전혀 다른 길을 걸어갈 시간이다. 한쪽은 집을 나가 독립하고, 다른 쪽은 집에 남아 자기 내면으로 돌아간다. 이제 부모는 아이의 빈자리에 적응하고, 정신과 영혼에 마음을 열기 시작해야 한다.

그러므로 사춘기의 가장 중요한 과제는 이별과 분리다. 부모가 아이를 진정으로 놓아준다는 건 단지 공간적으로 분리되는 것만을 의미하지는 않는다. 아이를 삶의 동반자로 대접한다는 건 부모가 더 이상 아이의 행동에 대해 과도한 책임을 느끼지 않는다는 뜻이다. 또한 아이를 더 이상 자신의 감정에 대한 핑계거리로 삼지 않는다는 뜻이다. 그래서는 성숙한 부모 자식 관계를 형성할 수 없다. 많은 부모들이 말로는 아이를 독립시켰다고 해놓고, 계속해서 무언의 메시지를 보낸다. '그래, 너도 독립할 때가 되었지. 하지만 나를 잊으면 안 돼. 날 혼자 내버려두지 마!' 딸을 독립시킨 한 아빠도 그랬다. "아이가 독립한 후에 정말 힘들었습니다. 삶에 마침표가 찍힌 기분이었거든요. 아이를 키우면서 잘못한 게 많은 것 같아 후회가 밀려들었습니다. 직장 때문에 아이와 많은 시간을 보내지 못했거든요. 이제 좀 아이한테 신경을 쓰려고 했는데, 어느새 독립할 나이가 됐더라고요."

예상과 달리 엄마보다 아빠가 더 성인이 된 자식을 놓아주기 힘들어한다. 자식의 독립을 더 부정적으로 평가하며 불안하게 반응한다. 엄청난 상실감을 느끼는 것이다. 이는 세상의 많은 아빠들이 생각해보아야 할 여러 관점을 제시한다.

첫째, 아빠들은 대부분 조만간 자녀와 이별하게 되리라는 사실을 너무 늦게 깨닫는다. 게다가 이에 대처하는 방식도 미숙하다. 이별에 동반될 감정적 변화에 대해 전혀 준비하지 않는 것이다.

둘째, 아빠들은 보통 자녀 교육에 무관심하다. 아이들이 크면 그때 시간을 내겠다며 자꾸만 뒤로 미룬다. 하지만 막상 관심을 돌릴 때가 되면 아이들은 이미 떠나고 없다.

셋째, 아빠들은 부부 관계보다 부모 노릇을 더 긍정적으로 평가한다. 그러다 보니 아이들에게 더 강하게 집착한다. 사춘기 아이들을 물질적 보상 등 여러 방식을 통해 자기 옆에 묶어두려고 한다.

부모가 너무 자녀에게 목숨을 걸면 아이들은 부담스럽다. 부모의 애정과 관심에 어떤 조건이 걸려 있다는 걸 느끼면서 책임감이 드는 것이다. 이때 아이들은 부모가 무언의 메시지를 보낸다고 느낀다. '우리는 정말 너한테 많은 것을 주었다. 그러니 이제 네가 감사하는 마음으로 보답해야지.' '우리가 불행하면 그건 다 네 탓이다. 네가 우리를 돌봐주지 않아서 그래!' 그 결과 아이들은 성인이 되어서도 집에 붙들려 있게 된다. 비록 몸은 집을 나갔어도 말이다. 이런 부모는 아이가 자기 능력을 펼치지 못하도록 만든다. 그러면 아이는 당연히 공격성과 분노를 느끼게 되고, 그 감정에는 드물지 않게 죄책감이 동반된다.

아이들은 자기 자신을 보살피며 스스로를 책임질 줄 아는 부모를 존경한다. 하지만 그것이 하루아침에 가능한 것은 아니다. 그런 부모가 되려면 힘든 성장 과정을 거쳐야 한다. 예를 들어 아이들이 어릴 적에 아빠 노릇을 잘한 사람일수록 자식의 독립에 대해서도 훨씬 여유롭게 대응할 수 있다. 부모 역할이 줄어들면서 생긴 여유 공간을 아내와 함께 채워 나갈 수 있는 것이다. 또한 아이들은 아빠, 엄마가 다시 예전의 동반자 관계로 돌아갔다고 느껴야 편한 마음으로 제 갈 길을 걸어갈 수 있다.

아이가 독립하고 나면 자식이 부모의 심적 균형에 얼마나 많은 기여를 했는지 새삼 깨닫게 된다. 실제로 아이 때문에 유지된 부부 관계가 얼마나 많겠는가. 그러므로 이제 부모에게는 아이가 없는 상태에서 부부 관계를 새롭게 정립해 나가야 할 중요한 과제가 남게 된다.

많은 가족 구성원이 함께 살다가 다시 부부만 남게 된다. 이때 부모는 다시 남자와 여자가 되어야 한다. 비록 나이가 들어 늙었지만, 이제부터라도 자기 몸에 대해 재인식해야 한다. 예를 들어 자신에게 남은 성적 욕구를 인정하고 채울 수 있어야 한다. 함께 늙어가는 것도 큰 도전 과제다. 노화를 인정하고, 이 과정에서 서로의 공통점과 차이점을 받아들여야 한다. 사춘기 아이들에게 성장을 위한 여유 공간이 필요하듯, 부부에게도 남은 삶을 발전적으로 살아갈 시간과 공간이 필요한 것이다.

나오는 글

가족의 일상에서
영성이 들어갈 자리

영성의 실천은 밀려오는 온갖 변덕스러운 감정을 극복해낼 수 있는 청명한 마음자리를 찾게 해준다. 이 책에서는 영성을 실천할 수 있는 여러 방법들을 언급했다. 예를 들어 의식, 기도, 놀이, 동화, 이야기 같은 것들이 있다. 이 모든 것들은 부모와 아이에게 튼튼한 관계의 끈을 제공해주고, 삶의 버팀목을 선사해주며, 창조적 힘을 현실에 부여하게 만들어준다.

모든 인간은 나이와 관계없이 넓은 대우주와 지구라는 소우주의 교차점에 있다. 또한 그 대우주와 소우주를 자기 안에 담고 있다. 이 책에서 말한 여러 영성 실천 방법들도 마찬가지다. 우리는 기도를 통해 신과 하나 되었다고 느낄 수 있고, 동화를 통해 무한한 환상의 세계에 빠져들 수 있고, 놀이를 통해 몰아의 경지에 이를 수 있고,

규칙적인 의식을 통해 유대감과 소속감을 느낄 수 있다.

그리고 영성과 몸은 하나다. 따라서 몸의 감각을 자극하는 모든 상황이 중요하다. 단순히 몸을 움직이고 물건을 쥐는 것을 넘어, 음악과 그림을 통해서도 자기 몸을 체험할 수 있다. 그림을 그리면서 자기감정을 표현할 것이고, 소리와 울림을 통해 감정을 느끼게 될 것이다.

아이들은 철학자다. 아이들이 철학할 수 있으려면 공간과 시간이 필요하다. 아이들은 끊임없이 묻지만, 완벽한 대답을 바라지 않는다. 자신의 말에 귀 기울여주고, 관심과 호기심을 나눌 수 있는 어른을 원한다.

그러므로 각자 자기 자신과 의식을 행하고 관계를 맺을 수 있는 영성 실천 방법을 택해야 한다. 영성을 실천할 때는 결코 기본 원칙을 잊어서는 안 된다. "단순하게 살아라!"

아이들이
신에 대해 묻다
영성으로 이끄는 교육

초판 1쇄 인쇄 2012년 6월 25일
초판 4쇄 발행 2024년 3월 14일

지은이 안젤름 그륀, 얀-우베 로게
옮긴이 장혜경
펴낸이 박영록
펴낸곳 로도스

출판등록 2011년 7월 22일 제2011-000208호
주소 서울시 마포구 와우산로 48, 801호 (상수동, 로하스타워)
전화 02-6012-2500 팩스 02-6008-1757
이메일 jumphere@rhodos.co.kr

ⓒ 로도스, 2012, Printed in Seoul, Korea.

ISBN 978-89-968127-1-5 03370

* 값은 뒤표지에 있습니다.
* 잘못된 책은 바꿔드립니다.

* 이 도서의 국립중앙도서관 출판시도서목록(CIP)은 e-CIP 홈페이지(http://www.ne.go.kr/ecip)에서 이용하실 수 있습니다.(CIP제어번호: 2012002660)